AF637768

Impressum

Hans Leu
Hocharabisch – Wort für Wort

erschienen im
Reise Know-How Verlag Peter Rump GmbH,
Osnabrücker Str. 79, 33649 Bielefeld

©Reise Know-How Verlag Peter Rump GmbH
13. neu bearbeitete und verbesserte Auflage 2023
Alle Rechte vorbehalten.

ISBN 978-3-8317-6572-0

Gestaltung und Bearbeitung: der Verlag
Kartografie: Thomas Buri
Fotos: Adobe Stock: fcerez (S. 13), Yulia (S. 95), gromovataya (S. 157), WyliPhotography (Cover)
Druck und Bindung: mediaprint solutions GmbH, Paderborn

Bibliografische Information der Deutschen Nationalbibliothek
Die Deutsche Nationalbibliothek verzeichnet diese Publikation in der Deutschen Nationalbibliografie; detaillierte bibliografische Daten sind im Internet über http://dnb.dnb.de abrufbar.

Reise Know-How Bücher finden Sie in allen gut sortierten Buchhandlungen.
Falls nicht, kann Ihre Buchhandlung unsere Bücher hier bestellen:
D: Prolit, prolit.de und alle Barsortimente
A: Freytag-Berndt und Artaria KG, freytagberndt.com
CH: AVA Verlagsauslieferung AG, ava.ch
B, Lux, NL: Willems Adventure, willemsadventure.nl
oder direkt über den Verlag: www.reise-know-how.de

Die Information über und die Bereitstellung von digitalen Zusatzinhalten (z. B. Links, GPS-Tracks o. Ä.) ist eine freiwillige Zusatzleistung des Verlages, auf die kein Anspruch besteht und für deren Richtigkeit aufgrund der Veränderlichkeit solcher Informationen auch nicht gehaftet werden kann. Insbesondere behält sich der Verlag deshalb vor, die Bereitstellung und die Zugriffsmöglichkeit zeitlich zu befristen und den Zugriff hierauf auch vorfristig abzuschalten.

Effektiver Sprachen lernen –

Aussprache trainieren

1. In diesem Buch gibt es kostenlose Aussprachebeispiele zum Anhören.

Den QR-Code mit einem Smartphone scannen, um zu den zugehörigen Aussprachebeispielen zu kommen. Alternativ kann man diese auch unter: www.reise-know-how.de/kauderwelsch/076 erreichen.

2. Unsere separat erhältlichen AusspracheTrainer bieten noch umfangreicheres Tonmaterial und ermöglichen so ein unkompliziertes Erlernen der neuen Sprache, auch unabhängig von den jeweiligen Kauderwelsch-Büchern.

Die MP3s sind über den Online-Buchhandel oder unseren Shop erhältlich: www.reise-know-how.de

So funktioniert das

Kauderwelsch-Prinzip

1. Die zusätzliche Wort-für-Wort-Übersetzung verdeutlicht die fremde Satzstruktur. Grüne Hinterlegungen zeigen Lücken zum Einsetzen von Wörtern bzw. Alternativen zum Auswählen an.

Arabisch	أين الفندق؟
Lautschrift	**aina al-funduq?**
Wort-für-Wort	*wo das-Hotel*
Übersetzung	Wo ist das Hotel?

2. Dies erleichtert anschließend das Einfügen der gewünschten Wörter in die Sätze.

طبيب	**t̲abîb**	Arzt
محطّة	**mah̲at̲t̲a**	Bahnhof
سفارة	**sifâra**	Botschaft
مطار	**mat̲âr**	Flughafen
مستشفى	**mustashfâ**	Hospital
شرطة	**shurt̲a**	Polizei

Im Wörterbuch am Ende des Buches gibt es noch mehr Wörter, die man sinnvoll einsetzen kann.

Inhalt

Vorwort ... 5
Typisch Arabisch ... 6
Über die arabische Sprache ... 8
Hinweise zur Benutzung ... 12

Arabisch lernen

Aussprache und Umschrift ... 14
Die arabische Schrift ... 19
Nomen und Adjektive ... 27
Dieses und Jenes ... 39
Hier und Dort / Es gibt ... 40
Personalpronomen ... 41
Besitzanzeige ... 43
Steigern und Vergleichen ... 46
Verben und Zeiten ... 48
Satzstellung ... 63
Wem? oder Wen? ... 64
Können und Müssen ... 67
Konjunktionen ... 68
Präpositionen ... 72
Fragen ... 75
Verneinung ... 77
Auffordern ... 81
Zahlen und Zählen ... 83
Zeit und Datum ... 89
Maße und Gewichte ... 93

Arabisch sprechen

Wörter, die weiterhelfen ... 96
Nichts verstanden? ... 98
Kurz-Knigge ... 100
Begrüßen und Verabschieden ... 104
Namen und Anrede ... 109
Bitten, Danken, Wünschen ... 112
Das erste Gespräch ... 113
Floskeln und Redewendungen ... 120
Unterwegs ... 122
Toilette ... 130
Übernachten ... 131
Essen und Trinken ... 134
Zu Gast sein ... 138
Die Religion ... 141
Einkaufen und Handeln ... 144
Fotografieren ... 147
Kommunikation ... 148
Bank, Post, Behörden ... 149
Krank sein ... 152
Schimpfen und Fluchen ... 154
Dringende Hilferufe ... 155

Wörterbuch

Literaturhinweise ... 158
Wörterbuch Deutsch – Arabisch ... 160
Wörterbuch Arabisch – Deutsch ... 175
Notizen ... 189
Der Autor ... 190

Auf einen Blick

Arabisch

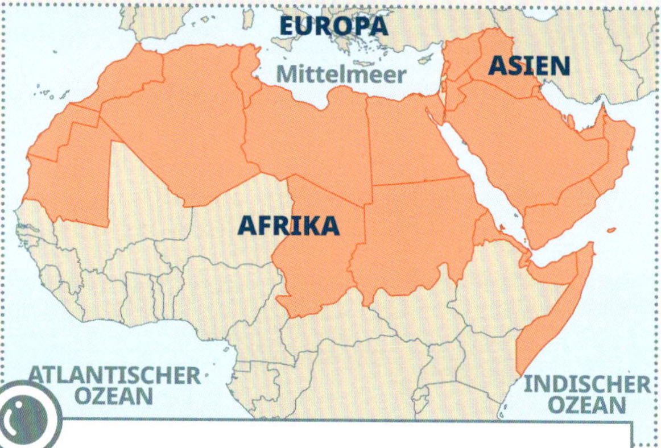

Arabisch, Eigenbezeichnung **al-*Arabīya,** die Sprache des Korans, hat in der islamischen Welt einen ähnlichen Status wie Latein in Europa.

300 Millionen

Menschen sprechen Arabisch als Muttersprache, weitere 400 Millionen als Zweitsprache

28 Buchstaben

Das arabische Alphabet enthält hauptsächlich Konsonanten, bildet diese aber genauestens ab.

26 Länder

Hocharabisch ist Amtssprache in 15 Ländern, in weiteren 11 mit einer anderen Sprache.

Vorwort

Spielen Sie mit dem Gedanken, sich etwas Arabisch anzueignen? Sie glauben, die Sprache sei viel zu schwierig für gewöhnliche Sterbliche? Sicher, Arabisch gehört nicht zu den leichtesten Sprachen dieser Welt; dennoch gibt es einfache Wege, um es zu beherrschen. Gemessen an der Anzahl der Sprecher:innen ist Arabisch die viertgrößte Sprache der Welt. Aber nicht alle sprechen das gleiche Arabisch. Die arabische Sprache besteht aus mehreren Dialekten, die allerdings räumlich nicht so eng begrenzt sind wie etwa die deutschen Dialekte. Diese Dialekte sind die eigentliche Muttersprache. Der Grad der Gemeinsamkeiten der einzelnen Dialekte untereinander ist sehr unterschiedlich. Ein Marokkaner kann einen Algerier noch gut verstehen, aber einen Jemeniten mit Sicherheit nicht mehr. Mit dem muss er sich dann in der Hochsprache unterhalten, die in diesem Buch vorgestellt wird. Mit dem modernen Hocharabisch wird man in der gesamten arabischen Welt verstanden werden, darüber hinaus auch in anderen islamischen Ländern.

Ausländer werden von Arabern meist in Hocharabisch angesprochen, da sie davon ausgehen, dass diese nur Hocharabisch sprechen können. Mir selber hat Hocharabisch in Westafrika oder an der ostafrikanischen Küste höchst interessante Türen geöffnet. Allen, die diese Sprache kennenlernen möchten, wünsche ich dabei viel Spaß und Erfolg!

Hans Leu

Top 5

Typisch Arabisch

№1 Namen

Obwohl heutzutage fast jede und jeder einen Nachnamen hat, existieren noch immer die alten Kosenamen oder Spitznamen (arab. **kunya**). Traditionell wurden Sprecher des Arabischen nämlich im Alltag fast ausschließlich als „Vater bzw. Mutter des Sowieso“ (**Abū ..., Umm ...**) angesprochen, wobei es nicht immer darauf ankam, dass man den Namen des Sohnes genau traf. Diese Spitznamen gibt es informell auch heute noch.

№2 Diener des ...

Manchmal bekommt man auf die Frage nach dem Namen eines Gesprächspartners das Wort ***Abdu** genannt. Das kann eine Vereinfachung sein, denn diesen Namen gibt es genau genommen nicht. Arabisch ***abd** heißt „Knecht“ oder „Diener“ und wird immer von einem Wort gefolgt, mit dem Gott bezeichnet wird. ***Abdallâh** ist „der Diener Gottes,“ ***Abd al-Djabbâr** ist „der Diener des Allgewaltigen“ und ***Abd ar-Ra<u>h</u>mân** „der Diener des Barmherzigen“.

№3 Handzeichen

Wenn Sprecher des Arabischen jemanden auffordern, näher zu kommen, benutzen sie ein Handwinken, das bei uns leicht als Fortschicken gedeutet werden kann. Der Handrücken zeigt nach oben und die Handfläche nach unten. Das Handzeichen für Dokumente und Ausweispapiere ist bei uns ebenso unbekannt.

№4 Arabische Wörter in anderen Sprachen

Das Arabische hat einen bedeutenden Einfluss auf viele europäische Sprachen ausgeübt, besonders im Mittelmeergebiet. Auch ins Deutsche haben einige arabische Wörter Eingang gefunden, z. B. Kaffee, Magazin, Matratze, Schachmatt, Sofa, Tarif, Ziffer und Zucker.

№5 Arabisches Geld

Arabisch hat auch viele Wörter aus europäischen Sprachen übernommen, eigenartigerweise fast alle Begriffe für Geld und Münzen. Es gibt nur eine arabische Münzbezeichnung, den **fils**, dessen Plural **fulûs** das Wort für „Geld" ist. Der **dirham** kommt von der griechischen Drachme, der **dînâr** vom lateinischen *denarius*, der **riyâl** vom spanischen Real und der **qirsh** (Plural: **qurûsh**), häufig als „Piaster" übersetzt (auch kein arabisches Wort), ist vom deutschen Groschen abgeleitet.

Über die arabische Sprache

Nach wie vor streiten sich Wissenschaftler darüber, ob es „das Arabische“ jemals als einheitliche Sprache, so wie das Deutsche, gegeben hat. Fest steht, dass die Bewohner der arabischen Halbinsel vor dem 7. Jahrhundert n. Chr. eine semitische Sprache gesprochen haben, die schon damals in Dialekte zerfallen gewesen sein mag, und aus der das Hocharabische als Schriftsprache hervorgegangen ist. Zur semitischen Sprachfamilie gehören auch die hebräische Sprache und das Äthiopische sowie viele alte Sprachen, die fast alle vom Arabischen – nach dessen Ausbreitung – verdrängt wurden.

Als viele Stämme ab dem 7. Jahrhundert n. Chr. die arabische Halbinsel verließen, um sich in den Regionen des neuen islamischen Reiches anzusiedeln, trugen sie ihre Sprache in ein Gebiet, das sich vom Atlantischen Ozean bis zum Persischen Golf erstreckt. Vorher wurden in diesen Gegenden andere semitische Sprachen, so z. B. Aramäisch (Syrisch), oder Dialekte des Lateinischen und sogar noch Altägyptisch (Koptisch) gesprochen. Das Arabische verdrängte diese Sprachen, u. a. weil es als Sprache des Islams einen besonderen Platz einnimmt. Im Islam ist nicht nur das Wort Gottes heilig, sondern auch die Sprache, in der es herabgesandt wurde: das Arabische. Doch auch unter Christen, Juden und anderen Religionsgemeinschaften im Nahen Osten verdrängte das Arabische alle anderen Verkehrssprachen.

Das erste ausführliche Dokument im Arabischen ist der Koran, für die Muslime Gottes Wort, das durch Muhammad verkündet wurde. Die Sprache des Korans ist die klassische hocharabische Literatursprache. Darüber hinaus wurde wohl auch damals schon in jedem Stamm der eigene Dialekt gesprochen, der sich von dieser Hochsprache auf eigene Weise unterschied.

Araber schätzen Hocharabisch-Kenntnisse mehr als Dialektkenntnisse, denn Hocharabisch ist ja die schöne Sprache, die Gott nicht ohne Grund ausgewählt haben kann, als er sich im Koran an die Menschen wandte. Die alte hocharabische Literatursprache hat sich zwar im Stil und vom Vokabular her sehr verändert, die Grammatik ist aber weitgehend dieselbe geblieben, so dass gebildete Araber nach kurzem Lernprozess Dokumente aus dieser Zeit verstehen können. Die Bildung ist allerdings der entscheidende Faktor für die Kommunikation auf Hocharabisch. Da niemand Hocharabisch mit der Muttermilch lernt, muss man sie sich in der Schule aneignen. In der Schule wird ausschließlich Hocharabisch gelesen und geschrieben und häufig auch Hocharabisch geredet. Alle, die etwa ein Jahr lang in der Schule waren, die eine Zeitung lesen oder einen kurzen Brief schreiben können, können Hocharabisch! Jedes geschriebene Dokument ist in der Hochsprache verfasst, denn die Dialekte werden nur in Ausnahmesituationen geschrieben.

Fast alle Araber verstehen also immerhin ein wenig Hocharabisch, selbst wenn sie es nicht selber sprechen können. Wer es schreiben kann, beherrscht es und kann es dann auch sprechen. In Ländern mit gutem Schulsystem, wie Syrien, Jordanien, Libanon, Palästina, Irak, Libyen oder den Ländern der arabischen Halbinsel, können die meisten Hocharabisch sprechen. Im Maghreb wurde Hocharabisch in der Schule jedoch fast vom Französischen verdrängt. Allerdings ist diese Entwicklung rückläufig, und nun wird wieder mehr Hocharabisch gesprochen.

Arabisch hat aber auch als Fremdsprache eine weite Verbreitung. Der Koran z. B. muss von jedem Muslim auf Hocharabisch gelesen werden – und viele wollen verstehen, was sie da lesen. Jeder Nicht-Araber, der Arabisch anhand schriftlicher Dokumente lernt, beherrscht die Hochsprache. Deshalb ist Hocharabisch als Sprache des Korans in der ganzen islamischen Welt verbreitet.

Im Alltag wird fast ausschließlich im Dialekt gesprochen; alle schriftlichen Texte dagegen werden auf Hocharabisch verfasst. Hocharabisch ist die Verständigungssprache zwischen Arabern, deren Dialekte zu unterschiedlich sind; also sprechen und schreiben sie die **fus'hâ** (Hochsprache).

Arabische Dialekte

Arabische Dialekte sind so alt wie die Sprache selber und unterscheiden sich mal mehr mal weniger von der Schriftsprache. So wie Spanisch, Portugiesisch, Französisch, Italienisch und Rumänisch sich alle vom Lateinischen ableiten, gibt es auch zwischen ihnen Verbindungen.

Nordafrikanische Dialekte (Marokkanisch, Algerisch und Tunesisch) werden häufig als ein Dialektgebiet angesehen und genauso die Dialekte, die am Persischen Golf gesprochen werden („Gulf Arabic"). Sprecher so weit voneinander entfernter Dialekte können sich nur durch Rückgriff auf Hocharabisch verständigen.

Weitere Dialektgebiete sind der Irak (wo es genau genommen zwei Dialektgruppen gibt), Ägypten, oder die Länder der Levante (Syrien, Libanon, Palästina und Jordanien). Wie viele Dialekte es gibt, lässt sich nicht sagen, denn es gibt auch Arabisch sprechende Gruppen in Mauretanien, im Sudan, oder auch im Iran und in Anatolien, die ihre eigenen Dialekte haben.

Noch vor hundert Jahren gab es solche Gruppen auch auf Zypern oder in Ostafrika (Sansibar). Genau genommen ist selbst die Sprache der Mittelmeerinsel Malta ein arabischer Dialekt. Dieser wird jedoch mit lateinischen Buchstaben geschrieben und entwickelte sich zur Nationalsprache Maltas. Das ist mit keinem anderen arabischen Dialekt passiert, ein Umstand, der aufzeigt, dass die Unterscheidung zwischen „Sprache" und „Dialekt" davon abhängt, wie die Sprecher darüber denken.

Araber verstehen die arabische Schriftsprache als ihre Nationalsprache und die Dialekte als lokale Varianten. Das hört sich an, als würden die Araber nicht zu ihrer Muttersprache, den Dialekten, stehen. Wozu gebrauchen sie eine so alte und schwere Sprache zum Schreiben? Tatsächlich will man das einigende Band der Hochsprache nicht aufbrechen. Eine Zeitung oder auch Literatur, die im jemenitischen Dialekt geschrieben wäre, könnte man in Ägypten nicht verstehen. An der allgemein verständlichen Hochsprache festzuhalten, heißt damit auch, an der nationalen Identität als Araber festzuhalten. Darüber hinaus ist man stolz auf die vielen sprachlichen Möglichkeiten, die Schönheit und die Geschichte der Hochsprache. Deshalb sind auch die meisten Radio- und Fernsehsendungen in der Hochsprache. Hocharabisch ist nach wie vor die Bildungssprache, in der an der Uni und zu offiziellen Anlässen gesprochen wird. Nicht das alte Hocharabisch des Korans, sondern die gesprochene moderne Hochsprache wird im vorliegenden Kauderwelsch-Sprachführer vermittelt. Sie wird unterschieden vom klassischen Arabisch, das komplexer ist, was Syntax angeht und auch Grammatik. Diese Sprachebene wird als Modernes Standardarabisch (MSA) bezeichnet. Modernes Standardarabisch ist nicht die Sprache des Korans oder der klassischen arabischen Literatur, aber jene der modernen arabischen Literatur, der Zeitungen, des Fernsehens und des Internets.

Hinweise zur Benutzung

Hocharabisch lernen

Der erste Teil zeigt, wie Hocharabisch „funktioniert“ und liefert das Handwerkszeug, um eigene arabische Sätze zu sprechen.

Sollten Sie zu den Menschen gehören, die lieber einen Bogen um das Thema Grammatik machen: Keine Sorge! Die wichtigsten Regeln werden auch für Laien verständlich erklärt und mit praktischen Beispielen veranschaulicht. Die Wort-für-Wort-Übersetzung (s. Seite 1) hilft dabei, den Satzbau nachzuvollziehen und selbst anzuwenden.

Hocharabisch sprechen

Im zweiten Teil dreht sich alles ums Sprechen. Für alle möglichen Lebenslagen auf Reisen gibt es Beispiele, in die man nur noch das passende Wort einsetzen muss. Praktische Tipps und Infos zum Reiseland erleichtern das Ankommen.

Trauen Sie sich und versuchen Sie Ihre ersten Schritte in der Fremdsprache! Sie zeigen damit Interesse und Respekt – und schon ist das Eis gebrochen, auch wenn man mal einen Fehler macht. Sie werden völlig andere Dinge erleben als „sprachlose“ Reisende, und Sie werden feststellen: Sprache öffnet Türen und Herzen.

Den ersten Schritt dazu haben Sie mit diesem Buch bereits in der Hand. Übrigens: In Gesprächen werden kleine Sprachkenntnisse größer!

Am Ende des Buches finden Sie ein Wörterbuch zum Nachschlagen in beiden Richtungen. Die Umschlagklappen geben einen Überblick der wichtigsten Sätze.

Arabisch lernen

Aussprache und Umschrift 14
Die arabische Schrift........................ 19
Nomen und Adjektive...................... 27
Dieses und Jenes 39
Hier und Dort / Es gibt..................... 40
Personalpronomen........................... 41
Besitzanzeige.................................... 43
Steigern und Vergleichen............... 46
Verben und Zeiten 48
Satzstellung 63
Wem? oder Wen?............................. 64
Können und Müssen 67
Konjunktionen.................................. 68
Präpositionen................................... 72
Fragen 75
Verneinung....................................... 77
Auffordern.. 81
Zahlen und Zählen........................... 83
Zeit und Datum................................. 89
Maße und Gewichte 93

Als Anfänger:in müssen Sie sich zunächst an einiges gewöhnen, das das Arabische vom Deutschen völlig unterscheidet. Die Konsonanten in einem Wort transportieren den Sinn. Mehr dazu gleich im folgenden Kapitel. Hinzu kommen auch einige Laute, die es im Deutschen gar nicht gibt, und die man etwas üben muss. Auch die von rechts nach links geschriebene Schrift erscheint zunächst ungewohnt. Vokale werden nicht geschrieben, so dass man ein Wort kennen muss, um es lesen zu können.

Aussprache und Umschrift

In allen semitischen Sprachen, so auch im Arabischen, leitet sich die Grundbedeutung eines Wortes aus den Konsonanten, z. B. aus der Buchstabenfolge **b-f-k,** die dann jeweils für die ganze Wortfamilie gleich ist. Nur die Vokale, die die Konsonanten miteinander verbinden, sind unterschiedlich. In der Wortfamilie „schreiben" hängt z. B. alles an den Konsonanten **k, t** und **b:**

kataba	schreiben
kâtib	Schreiber
kitâb	Buch
kutub	Bücher

In der arabischen Schriftsprache werden deshalb auch fast nur die bedeutungstragenden Konsonanten geschrieben.

Niemand, der mit diesem Kauderwelsch-Band Hocharabisch lernen will, muss die arabische Schrift erlernen. Zusätzlich zur Originalschrift ist eine Lautschrift in lateinischen Buchstaben ergänzt, so dass man sofort mit dem Sprechen beginnen kann.

Konsonanten (Mitlaute)

' **Hamza**

Ein Stimmabsatz: Die Stimme wird vorher abgesetzt und der nächste Laut explosiv hervorgebracht. Im Deutschen ist dies z. B. aus „Vers'enden" im Gegensatz zu „versenden" bekannt. **Hamza** am Wortanfang steht in diesem Buch nur bei Verben; die Aussprache von Vokalen am Wortanfang erfolgt wie im Deutschen mit Stimmabsatz (wie in „Achtung"): **'akala** (essen)

b **bâ'**

„b" wie in „**B**uch": **bait** (Haus)

t **tâ'**

„t" wie in „**T**uch": **tamâm!** (einverstanden!)

th **thâ'**

ein stimmloses „th" wie im englischen „**th**under", das eine Nähe zum „t" hat; nicht aber stimmhaft wie in „**th**at", das eher zum „d" tendiert: **thûm** (Knoblauch)

dj **djîm**

stimmhaftes „dsch" wie in „**Dsch**ungel": **djamîl** (schön)

h **hâ'**

Ein sehr kräftig gehauchtes „h", das fast ein „ch" erreicht. Wenn die Silbe „ha" so laut wie möglich gehaucht wird, kommt man ihm nahe. **hammâm** (Bad)

ch **châ'**

„ch" wie in „Bu**ch**", nicht wie in „i**ch**": **chubz** (Brot)

d **dâl**
„d" wie in „**D**ach". **dubb** (Bär)

th **thâl**
ein stimmhaftes „th" wie in englisch „**th**at", nicht aber stimmlos wie in „**th**under": **thalika** (jener)

r **râ'**
ein rollendes Zungenspitzen-r wie im Englischen oder Italienischen: **risâla** (Brief)

z **zây**
Ein stimmhaftes „s" wie in „**S**onne". Es hat keine Ähnlichkeit mit dem deutschen „z", von dem man sich (wie international üblich) nur das Zeichen leiht: **zahra** (Blume)

s **sîn**
Im Gegensatz zum stimmhaften „z" ein scharfes „s", das nur mit Zunge, Zähnen und Luftausstoß (ohne Stimme!) gesprochen wird, wie im Wort „Ta**ss**e": **salâm** (Gruß)

sh **shîn**
stimmloses „sch" wie in „**Sch**uh": **shukran!** (danke!)

Die vier folgenden Laute sind so genannte velarisierte Laute, das heißt, beim Aussprechen wird die Zunge in der Form eines „S" geschwungen, so dass der Zungenansatz nach oben und der Zungenrücken nach unten geführt wird. Diese Laute färben alle nachfolgenden Vokale dunkler: aus „a" wird z. B. fast ein „o".

Wer einmal den Bogen raus hat, kann bald alle davon. Hier ist genaues Zuhören wichtig!

s **sâd**
sabâh (Morgen)

d **dâd**
ein velarisiertes „d“, etwa wie im bayrischen „**d**oo“ für „dort“: **daif** (Gast)

t **tâ'**
velarisiertes „t“ wie etwa in „**T**orf“: **tâlib** (Student)

z **zâ'**
velarisiertes „th“: **zarf** (Umschlag)

Auch der folgende Laut hat es in sich: Stellen Sie sich vor, Sie sitzen auf Klo und versuchen mit aller Kraft ... Was Sie dabei von sich geben, ist das ***ain.** Da viele Ausländer diesen Laut nicht aussprechen können, haben sich die Araber daran gewöhnt, dass sie an seiner Stelle das leichtere **Hamza** hören.

***** ***ain**
ein stimmhafter Kehllaut, der durch starkes Zusammenpressen des Kehlkopfes erzeugt wird: ***â'ila** (Familie), **sâ*a** (Uhr, Uhrzeit)

gh **ghain**
ein Reibelaut aus dem Zäpfchen, ähnlich dem tiefen deutschen „r“ wie in „G**r**und“: **ghâliy** (teuer)

f **fâ'**
„f" wie in „**F**uß": **funduq** (Hotel)

k **kâf**
„k" wie in „**K**amm": **kaifa** (wie)

q **qâf**
Wieder ein „Zäpfchenlaut": Wenn man versucht, das deutsche „k" immer weiter hinten am Gaumen zu sprechen, muss irgendwann das Zäpfchen gehoben werden. Dies ist das **qâf.** Ein nachfolgender Vokal wird dabei dunkel gefärbt: **qalam** (Stift)

l **lâm**
„l" wie in „**L**ampe": **la<u>t</u>îf** (nett)

m **mîm**
„m" wie in „**M**aus": **muslim** (Moslem)

n **nûn**
„n" wie in „**N**ase": **nuqûd** (Geld)

h **hâ'**
„h" wie in „**H**aus": **hâthâ** (dieser)

w **wâw**
Kein deutsches „w", sondern ein englisches, wie in „**w**ater" oder „**W**ow!". Wenn man genau hinhört, hört man es auch im Ausruf „Aua!" (= auwa). Beispiel: **wa<u>t</u>an** (Heimat, Nation)

y **yâ'**
wie das deutsche „j" in „**j**a": **yamîn** (rechts)

Vokale (Selbstlaute)

Im Hocharabischen gibt es nur drei Vokale: **a, i,** und **u.** Ein **e** oder **o** kommt im Hocharabischen überhaupt nicht vor. Darüber hinaus gibt es nur noch die Doppellaute **ai** und **au.** Wie im Deutschen gibt es lange und kurze Vokale, die jedoch bedeutungsunterscheidend sind: Wenn die Länge der Vokale nicht beachtet wird, wird man falsch verstanden. So heißt das Wort **barîd** „Post", das Wort **bârid** aber „kalt". In der Umschrift steht über lang auszusprechenden Vokalen das französische Dehnungszeichen ^.

Betonung

Im klassischen Arabisch soll es früher überhaupt keine Betonung gegeben haben, und tatsächlich wird Dichtung heute noch in einer einzigen Tonlage vorgetragen, und allein die Länge der Vokale gibt den Rhythmus an. Die meisten Araber betonen in normaler Rede aber immer die lange Silbe eines Wortes, also in der Regel die, in der ein langer Vokal **(â, î, û)** oder ein Doppellaut **(au, ai)** vorkommt. Im Wort **hammâm** (Bad) z. B. ist die zweite Silbe betont. Hat ein Wort zwei lange Silben, wie **saiyâra,** wird die letztere von beiden betont: **saiyâra** (Auto).

Die arabische Schrift

Auch wenn die arabische Schrift nach Würmern oder Schlangen aussieht, setzt sie sich aus Buchstaben zusammen, die jeweils bestimmte Laute bezeichnen. Und obwohl das lateinische und arabische Alphabet so unterschiedlich aussehen, haben sie einen gemeinsamen Ursprung, und zwar im phönizischen Alphabet, das im heutigen Libanon im 12. Jahrhundert v. Chr. entwickelt wurde.

Der wichtigste Unterschied zum lateinischen Alphabet ist, dass in der arabischen Schrift (wie in allen Alphabeten für semitische Sprachen) eigentlich nur Konsonanten (z. B. **b, d, f**) geschrieben werden. Das wäre so, als würde bei uns das Wort „Fenster" nur durch die Konsonantenfolge **fnstr** wiedergegeben werden. Dies könnte dann aber auch als „finster" oder „fonstir" gelesen werden. Auch Groß- und Kleinschreibung kennt das Arabische nicht.

Genau genommen muss jedes Wort, welches gelesen werden soll, eigentlich schon bekannt sein. Niemand könnte eine fremde Sprache in einer arabischen Schrift lesen, wie z. B. ein Deutscher Italienisch lesen kann, auch wenn er es nicht versteht.

Allerdings gibt es auch für die arabische Schrift Zeichen („Vokalzeichen"), die den nachfolgenden Vokal angeben. Sie werden über oder unter den Konsonanten geschrieben, hinter dem der Vokal folgen soll. Leider werden diese Vokalzeichen nur selten benutzt, meistens nur im Unterricht, oder wenn es darum geht, etwas zweifelsfrei auszudrücken, z. B. im Koran.

Arabisch wird von rechts nach links geschrieben und gelesen. Die Buchstaben werden miteinander verbunden, so wie in jeder Handschrift. Das Wort **kutub** heißt „Bücher" und schreibt sich im Arabischen (vorerst ohne Vokalzeichen) so:

كتب

Es ist nicht schwer, die drei Konsonanten, mit denen es geschrieben ist, zu trennen:

ك	ت	ب
(k)	**(t)**	**(b)**

Diese Buchstaben verändern ihr Gesicht, wenn sie an anderer Stelle im Wort stehen. Insgesamt gibt es drei Möglichkeiten, an welcher Stelle ein Buchstabe im Wort stehen kann: am Wortanfang, in der Wortmitte und am Wortende. Eine vierte Form erhält das Zeichen, wenn es isoliert steht. In dieser Form steht das Zeichen in der Aussprachetabelle.

Das **b** z. B. steht im obigen Beispiel am Wortende.
Am Anfang würde es folgendermaßen aussehen: بـ
und in der Mitte so: ـبـ

Viele Buchstaben können darüber hinaus nicht mit dem nachfolgenden Buchstaben verbunden werden. Das **th** beispielsweise steht in der Wortmitte mit dem nächsten Buchstaben immer unverbunden. Das heißt, dass es auch in der Wortmitte in derselben Form steht, wie es am Wortende stehen würde. Der folgende Buchstabe steht dann in seiner Anfangs- oder Einzelform, selbst wenn seine Position in der Wortmitte oder am Wortende ist!

كذب	**kithb**	(Lüge)
ذهب	**thahab**	(Gold)

Mit ein wenig Übung können eigentlich schon alle Wörter gelesen werden. Versuchen Sie doch einmal, Ihren Namen in arabischen Buchstaben zu schreiben.

In der arabischen Schrift wird der äußerst wichtige Unterschied zwischen langen und kurzen Vokalen verdeutlicht, indem die Konsonanten

ى **(y)** und و **(w)** sowie ا **(Alîf)**

„zweckentfremdet" werden. Ein **y** zwischen zwei Konsonanten bedeutet, dass an dieser Stelle ein langes **î** gelesen werden kann. Nicht unbedingt aber, denn auch die Doppellaute **ai** und **au** werden mit **y** oder **w** geschrieben. Also kann dieses **y** auch **ai** bedeuten. Entsprechend kann **w** für den Konsonanten **w** oder für die Vokale **û** bzw. **au** stehen.

Das **Alîf** ist entweder ein langes **â,** oder es trägt den Stimmabsatz **h̲amza'.** Steht das **Hamza** unter dem **Alîf,** so wird nach dem Stimmabsatz immer **i** gelesen, z. B.

إبل **ibl** (eigentlich **'ibl** = Kamele).

Ein doppelter Konsonant, wie z. B. das **th** im Wort **kaththâb** (Lügner), wird durch das Verdoppelungszeichen (ّ) über dem Buchstaben angezeigt:

كذّاب

Bedenken Sie, dass in den Wörtern, die Sie lesen wollen, „Ligaturen", also Verbindungen, vorkommen können. Das heißt, wenn zwei bestimmte Buchstaben aufeinander treffen, werden sie anders geschrieben, als es in der Liste steht. Steht nach dem l ein **Alîf,** dann sieht das so aus: لا

Die Vokalzeichen

Wenn Sie mit Ladenschildern oder Straßennamen zu üben beginnen, werden Ihnen die Schwierigkeiten oft durch Vokalzeichen erleichtert. Ein waagerechter Strich über einem Konsonanten bedeutet, dass ein kurzes **a** folgt, z. B. („ba"), steht der Strich darunter, wird ein **i** gelesen: („bi"). Ein kleines **waw** über dem Buchstaben heißt, dass dem Konsonanten ein kurzes **u** folgt: („bu"). Folgt überhaupt kein Vokal, so steht ein kleiner Kreis über dem Konsonanten: („b").

كتب	كذب	كذّاب
kutub	**kithb**	**kaththâb**

So schreiben sich die oben ohne Vokalzeichen geschriebenen Wörter mit den Vokalzeichen.

كُتُب	كِذْب	كَذّاب
kutub	**kithb**	**kaththâb**

Mit den Vokalzeichen hat man dann auch keine Probleme mehr mit den Buchstaben **y** und **w.** Denn ob diese nun als Konsonant, Vokal oder als Doppellaut gelesen werden, kann man an den Vokalzeichen ablesen:

وَلَد	طُول	يَوم
walad (Junge)	**t̲ûl** (Länge)	**yaum** (Tag)

Vollständige Liste arabischer Zeichen

Viel Übung bekommen Sie, wenn Sie die im Konversationsteil („Arabisch sprechen“) jeweils in arabischer Schrift geschriebene Zeilen mit der Lautschrift vergleichen.

Name	allein	Wortanfang	Wortmitte	Wortende
Alîf	ا	ا	ـا	ـا
b	ب	بـ	ـبـ	ـب
t	ت	تـ	ـتـ	ـت
th	ث	ثـ	ـثـ	ـث
dj	ج	جـ	ـجـ	ـج
h	ح	حـ	ـحـ	ـح
ch	خ	خـ	ـخـ	ـخ
d	د	د	ـد	ـد
th	ذ	ذ	ـذ	ـذ
r	ر	ر	ـر	ـر
z	ز	ز	ـز	ـز
s	س	سـ	ـسـ	ـس
sh	ش	شـ	ـشـ	ـش
s	ص	صـ	ـصـ	ـص
d	ض	ضـ	ـضـ	ـض
t	ط	طـ	ـطـ	ـط

z̲	ظ	ظـ	ـظـ	ـظ
*	ع	عـ	ـعـ	ـع
gh	غ	غـ	ـغـ	ـغ
f	ف	فـ	ـفـ	ـف
q	ق	قـ	ـقـ	ـق
k	ك	كـ	ـكـ	ـك
l	ل	لـ	ـلـ	ـل
m	م	مـ	ـمـ	ـم
n	ن	نـ	ـنـ	ـن
h	ه	هـ	ـهـ	ـه
w	و	و	ـو	ـو
y	ى	يـ	ـيـ	ـى

Die Buchstaben ز , ر , ذ , د , ا und و können nicht nach links verbunden werden. Nach ihnen wird das Wort fortgesetzt mit einem Buchstaben, der eigentlich am Wortanfang steht. Zum Beispiel: موقف, **mauqif** „Haltestelle“.

In diesem Buch steht zu jedem Satz in Umschrift der Satz in der arabischen Schrift, so wie sie in diesem Kapitel beschrieben ist. Sie können die Sätze also mitlesen, müssen aber nicht. Sie können Sie auch vorzeigen, um besser verstanden zu werden.

Wenn Sie die Schrift genau studieren, wird Ihnen auffallen, dass einige wenige Wörter nicht so geschrieben werden, wie sie gesprochen werden. Ebenso wie man im Deutschen „gucken" schreibt, aber „kucken" spricht. Hier kann ich nur antworten: Das ist so, basta. Wenige Wörter, die anders gesprochen als geschrieben werden:

هذا	**hâthâ**	dieser
هذه	**hâthihî**	diese
ذلك	**thâlika**	jener
لكن	**lâkin**	aber
ألله	**allâh**	Allah

Die Endung **-a** ة ـة für weibliche Nomen wird durch ein **h** ه ـه wiedergegeben, auf das zwei Punkte (eigentlich die beiden Punkte vom **t:** ت) gesetzt werden:
Also:

مدينة
madîna (Stadt)

Die Objekt-Endung **-an** wird nur durch ein **Alîf** geschrieben mit zwei darüberstehenden Strichen, z. B.:

كبيراً
kabîran („groß-OBJ")

Nomen und Adjektive

Einen unbestimmten Artikel (ein, eine) wie im Deutschen gibt es in der arabischen Sprache nicht. Steht ein Wort allein, so ist es immer unbestimmt.

بيت	**bait**	ein Haus
مدينة	**madîna**	eine Stadt
فندق	**funduq**	ein Hotel
رجل	**radjul**	ein Mann
سنة	**sana**	ein Jahr
طريق	**t̲arîq**	ein Weg

Der bestimmte Artikel (der, die) lautet im Arabischen für männliche und weibliche Nomen **al.** Er verschmilzt mit dem Wort und wird nicht als eigenständiges Wort gesprochen.

البيت	**al-bait**	das Haus
المدينة	**al-madîna**	die Stadt
الفندق	**al-funduq**	das Hotel
الولد	**al-walad**	der Junge
اللغة	**al-lugha**	die Sprache
الماء	**al-mâ'**	das Wasser

Der Artikel **al-** verändert sich vor einigen Buchstaben, die Sonnenbuchstaben genannt werden. Das **-l** des Artikels wird dann durch den Laut des nachfolgenden Buchstabens, also des ersten Buchstaben des folgenden Wortes, ersetzt. Sonnenbuchstaben sind alle Buchstaben, die mit den Zähnen oder am Zahnansatz gesprochen werden, darüber hinaus das **n.** Die Sonnenbuchstaben sind: **d, d̲, n, r, s, s̲, sh, t, t̲, th, t̲h̲, z, z̲.**

الرجل	**ar-radjul**	der Mann
السيدة	**as-saiyida**	die Frau
الطريق	**at-tarîq**	der Weg
الشرطة	**ash-shurta**	die Polizei

Geschlecht

Im Arabischen gibt es nur ein männliches und ein weibliches grammatisches Geschlecht (im folgenden abgekürzt: m, w). Die weiblichen Nomen und Adjektive sind von den männlichen ganz einfach zu unterscheiden, da sie ein **-a** am Wortende haben:

مدينة	**madîna**	Stadt
شرطة	**shurta**	Polizei

Die ursprüngliche Endung weiblicher Nomen ist jedoch **-at.** An einigen Stellen taucht diese Endung wieder auf, und zwar immer dann, wenn etwas an das Wort angehängt wird. An entsprechender Stelle wird darauf hingewiesen.

Weiterhin sind alle Wörter, die Frauen bezeichnen, weiblich, ganz gleich, ob ein **-a** am Wortende steht oder nicht:

أم	**umm**	Mutter
بنت	**bint**	Tochter, Mädchen
أخت	**ucht**	Schwester
جدّة	**djadda**	Großmutter

Weiterhin sind alle Städte- oder Ländernamen und alle Wörter, die in irgendeiner Weise einen Ort bezeichnen, weiblich; selbst das Wort für „Boden“ **(ard)** ist weiblich. Zu guter Letzt muss man sich merken, dass alle Wörter, die Dinge (also keine Menschen/Tiere) bezeichnen, im Plural weiblich sind, auch wenn sie im Singular männlich sind.

Jedes männliche Wort kann durch Anfügen von **-a** zu einem weiblichen gemacht werden, wenn dies einen Sinn ergibt.

كلب	**kalb**	Hund
كلبة	**kalba**	Hündin
طالب	**tâlib**	Student
طالبة	**tâliba**	Studentin

Wird ein Adjektiv an ein Nomen gehängt, so müssen beide im grammatischen Geschlecht übereinstimmen. Das Adjektiv erhält also auch die weibliche Endung **-a**, wenn es sich auf ein weibliches Nomen bezieht.

كبير	**kabîr**	groß (m)
كبيرة	**kabîra**	groß (w)
صغير	**saghîr**	klein (m)
صغيرة	**saghîra**	klein (w)

Wichtige Adjektive

جيّد	**djaiyid**	gut
سَيّء	**saiyi’**	schlecht
كبير	**kabîr**	groß/alt
صغير	**saghîr**	klein/jung

جديد	djadîd	neu
قديم	qadîm	alt
سخن	suchn	warm
بارد	bârid	kalt
قريب	qarîb	nahe
بعيد	ba*îd	fern
جميل	djamîl	schön
بشع	bashi*	hässlich
حلو	huluw	süß
حامض	hâmid	sauer
مريض	marîd	krank
صحيح	sahîh	gesund
زعلان	za*lân	verärgert
مبسوط	mabsût	zufrieden
غالي	ghâliy	teuer
رخيص	rachîs	billig
غني	ghaniy	reich
فقير	faqîr	arm
قاوي	qâwiy	stark
ضعيف	da*îf	schwach
سهل	sahl	einfach
صعب	sa*ab	kompliziert
ثقيل	thaqîl	schwer
خفيف	chafîf	leicht

ملآن	**mal'ân**	voll
فاضي	**fâdiy**	leer
نضيف	**nadîf**	sauber
وسخ	**wasich**	dreckig

Die Farbwörter haben unregelmäßige weibliche Formen.

أبيض **abyad** (m)	بيضاء **baidâ'** (w)	weiß
أسود **aswad** (m)	سوداء **saudâ'** (w)	schwarz
أحمر **ahmar** (m)	حمراء **hamrâ'** (w)	rot
أزرق **azraq** (m)	زرقاء **zarqâ'** (w)	blau
أخضر **achdar** (m)	خضراء **chadrâ'** (w)	grün
أسفر **asfar** (m)	سفراء **safrâ'** (w)	gelb
بنّي **bunnî** (m)	بنّية **bunnîya** (w)	braun

Viele Adjektive enden auf **-î**. Diese sind von einem Nomen abgeleitet: **Almâniyâ** (Deutschland), **almânî** (deutsch; Deutscher), **almânîya** (Deutsche). So können auch Adjektive gebildet werden. Ein Damaszener ist z. B. ein **dimashqî.**

Sätze ohne Verben (Nominalsätze)

Mit diesen Wörtern können schon die ersten Sätze gebildet werden. Das deutsche Hilfsverb „sein" gibt es im Arabischen nicht. Stattdessen wird „sein" umschrieben, indem ein Nomen und ein Adjektiv zusammengefügt werden. Dabei muss nur beachtet werden, dass die grammatischen Geschlechter übereinstimmen (s. weiter oben in diesem Kapitel unter „Geschlecht"):

الرجل كبير
ar-radjul kabîr.
der-Mann groß
Der Mann ist groß.

الطريق طويل
at-tarîq tawîl.
der-Weg lang
Der Weg ist lang.

البنت غنية
al-bint ghaniya.
das-Mädchen reich
Das Mädchen ist reich.

Setzt man vor das Adjektiv den bestimmten Artikel **al**, so bildet man keinen Satz, sondern bestimmt das Nomen näher:

الرجل الكبير
ar-radjul al-kabîr
der-Mann der-groß
der große Mann

الطريق الطويل
at-tarîq at-tawîl
der-Weg der-lang
der lange Weg

البنت الغنية
al-bint al-ghaniya
das-Mädchen das-reich
das reiche Mädchen

Mit diesen beiden Möglichkeiten können schon kompliziertere Sätze gebildet werden:

الطريق الطويل جيّد
at-tarîq at-tawîl djaiyid.
der-Weg der-lang gut
Der lange Weg ist gut.

الرجل المريض كبير
ar-radjul al-marîd kabîr.
der Mann der-krank alt
Der kranke Mann ist alt.

الطقس جيّد اليوم
at-taqs djaiyid al-yaum.
das-Wetter gut der-Tag
Das Wetter ist gut heute.

البنت زعلانة
al-bint za*lâna.
das-Mädchen verärgert
Das Mädchen ist verärgert.

Plural

Weibliche und männliche Adjektive haben jeweils regelmäßige Pluralformen:

Pl männlich: **ûn** am Wortende
Pl weiblich: **-ât** am Wortende anstatt **-a**

Leider haben aber die meisten Nomen einen unregelmäßigen Plural (abgekürzt: Pl), der mit dem Wort gleich mitgelernt werden sollte, z. B. **madîna** (Stadt), **mudun** (Städte). Sicher werden Sie auch verstanden werden, wenn Sie stattdessen den Plural regelmäßig bilden und einfach **madînât** sagen. Die unregelmäßige Pluralform von **radjul** (Männer) heißt **ridjâl;** doch auch mit **radjulûn** werden Sie lächelnd verstanden werden. Adjektive hingegen haben nur selten unregelmäßige Pluralformen, hier können stets die regelmäßigen benutzt werden. Regelmäßige Pluralformen haben z. B. ...

Männliche Nomen (vor allem Berufsbezeichnungen):		
معلّم	**mu*allim**	Lehrer
معلّمون	**mu*allimûn**	Lehrer (Pl)
فلّاح	**fallah**	Bauer
فلّاحون	**fallahûn**	Bauern
موظّف	**muwazzaf**	Angestellter
موظّفون	**muwazzafûn**	Angestellte (Pl)

Männliche Adjektive:		
جميل	**djamîl**	schön
جميلون	**djamîlûn**	schöne (Pl)
جديد	**djadîd**	neu
جديدون	**djadîdûn**	neue (Pl)

Weibliche Nomen:		
سيارة	**saiyâra**	Auto
سيارات	**saiyarât**	Autos
ساحة	**sâha**	Platz
ساحات	**sâhât**	Plätze

Alle durch Anhängen von **-a** entstandenen Wörter, damit auch alle weiblichen Adjektive:		
طالبة	**tâliba**	Studentin
طالبات	**tâlibât**	Studentinnen
فلّاحة	**fallaha**	Bäuerin
فلّاحات	**fallahât**	Bäuerinnen
مريضة	**marîda**	krank (w)
مريضات	**marîdât**	kranke (w, Pl)

Fast alle Lehnwörter aus europäischen Sprachen erhalten ein **-ât** als Pluralendung:		
بنطلون	**bantalûn**	Hose
بنطلونات	**bantalûnât**	Hosen
باص	**bâs**	Bus
باصات	**bâsât**	Busse

Das Adjektiv muss auch im Numerus, der grammatischen Zahl, mit dem Nomen übereinstimmen. Ist das Nomen eine Pluralform, steht auch das Adjektiv im Plural. Der bestimmte Artikel **al-** (der, die) bleibt auch im Plural **al-** (die)!

الرجل جيّد
ar-radjul djaiyid.
der-Mann gut
Der Mann ist gut.

الرجال جيّدون
ar-ridjâl djaiyidûn.
die-Männer gute(Pl)
Die Männer sind gut.

البنت جميلة
al-bint djamîla.
das-Mädchen schön(w)
Das Mädchen ist schön.

البنات جميلات
al-banât djamîlât.
die-Mädchen schöne(w,Pl)
Die Mädchen sind schön.

Eine Ausnahme bilden die Pluralformen von Wörtern, die Dinge (also keine Menschen oder Tiere) bezeichnen: Sie werden genauso wie weibliche Singularformen behandelt und erhalten deshalb ein **-a** am Wortende.

المدينة كبيرة
al-madîna kabîra.
die-Stadt groß(w)
Die Stadt ist groß.

المدن كبيرة
al-mudun kabîra.
die-Städte groß(w,Pl)
Die Städte sind groß.

Dual (Zweizahl)

Die arabische Sprache hat eine spezielle Form für „zwei ...“ beibehalten, die viele Sprachen einmal hatten, aber verloren haben (übrigens auch das Deutsche). Sie wird durch Anhängen von **-ân** an die Singularform gebildet.

رجل	**radjul**	ein Mann
رجلان	**radjulân**	2 Männer
رجال	**ridjâl**	Männer

بنت	**bint**	ein Mädchen
بنتان	**bintân**	2 Mädchen
بنات	**banât**	Mädchen (Pl)

Bei weiblichen Wörtern tritt nun die ursprüngliche weibliche Wortendung **-at** wieder auf. An die ursprüngliche Endung wird nun **-ân** angehängt:

سنة	**sana**	ein Jahr
سنتان	**sanatân**	zwei Jahre
سنوات	**sanawât**	Jahre

بيرة	**bîra**	ein Bier
بيرتان	**bîratân**	zwei Biere
بيرات	**bîrât**	Biere

Gattungsbezeichnungen (Kollektiva)

Neben der Zweizahl gibt es auch Wörter im Arabischen, die alle Objekte einer Gattung oder eine unbestimmt große Menge davon bezeichnen. Wenn man im Deutschen sagt: „Der Fisch lebt im Wasser." meint man damit die Gattung Fische. Sagt man „ich mag Fisch essen", meint man damit auch die Gattung Fisch. Im Arabischen ist das Wort, das die Gattung bezeichnet (im Folgenden mit „GATT" abgekürzt), das Ausgangswort für die jeweilige Wortfamilie. Die Gattungsbezeichnung „Fisch" heißt **samak.** Es bezeichnet

„Fisch“ an sich, als Gattung wie auch als nicht genau abgezählte Menge von Fisch. Ist von nur genau einem Fisch die Rede, wird ein **-a** an die Gattungsbezeichnung angehängt: **samaka.** Davon wird dann die regelmäßige Pluralform gebildet, wenn es z. B. um eine abgezählte Menge von Fisch (z. B. 3/4/5 Fische) geht: **samakât.**

تفّاح	**tuffâh** (GATT)	Apfel/Äpfel
تفّاحة	**tuffâha** (w)	ein Apfel
تفّاحات	**tuffâhât**	mehrere (abgezählte) Äpfel

ذباب	**thubâb** (GATT)	Fliege/Fliegen
ذبابة	**thubâba** (w)	eine Fliege
ذبابات	**thubabât**	mehrere (gezählte) Fliegen

zusammengesetzte Nomen

Zusammengesetzte Nomen, wie z. B. „Stadtzentrum“ oder „Büchermarkt“, werden im Arabischen grundsätzlich nach dem Schema „Zentrum der Stadt“ bzw. „Markt der Bücher“ gebildet. Der Artikel **al-** drückt dabei den deutschen Wesfall (Genitiv) „der/des“ aus.

مركز	**markaz**	Zentrum
مدينة	**+ madîna**	+ Stadt
مركز المدينة	**= markaz al-madîna**	„Zentrum der Stadt“ = Stadtzentrum

Ein weiteres Beispiel:

سوق	**sûq**	Markt
كتب	**+ kutub** (Pl)	+ Bücher
سوق الكتب	**= sûq al-kutub**	„Markt der Bücher“ = Büchermarkt

Bei weiblichen Nomenn taucht das unterdrückte **-t** wieder auf, **-a** wird zu **-at:**

محطّة	**ma<u>h</u>a<u>tt</u>a**	Bahnhof
باصات	**+ bâ<u>s</u>ât** (Pl)	+ Busse
محطّة الباصات	**= ma<u>h</u>a<u>tt</u>at al-bâ<u>s</u>ât**	„Bahnhof der Busse“ = Busbahnhof

Zusammengesetzte Nomen können nicht durch den bestimmten Artikel **al-** weiter bestimmt werden. **markaz al-madîna** heißt schon „das Zentrum der Stadt“. Man kann deshalb nicht noch einen Artikel (z. B. **al-markaz ...**) hinzufügen.

Nach diesem Schema können auch Besitzverhältnisse ausgedrückt werden.

بيت الرجل
bait ar-radjul
Haus der-Mann
das Haus des Mannes

Dieses und Jenes

Es gibt sechs verschiedene hinweisende Pronomen (Demonstrativpronomen). Achtung: Nomen im Plural, die Dinge bezeichnen, werden wie die weiblichen Nomen im Singular behandelt, also **hâthihî** bzw. **tilka.**

هذا	**hâthâ**	dieser, -s (alle männlichen Nomen Sg)
هذه	**hâthihî**	diese (alle weiblichen Nomen Sg; männl./weibl. Nomen Pl, die Dinge bezeichnen)
هؤلاء	**hâ'ulâ'i**	diese (Nomen Pl, die Personen bezeichnen)
ذلك	**thâlika**	jener, -s (alle männlichen Nomen Sg)
تلك	**tilka**	jene (alle weiblichen Nomen Sg; männl./weibl. Nomen Pl, die Dinge bezeichnen)
أولائك	**ulâ'ika**	jene (Nomen Pl, die Personen bezeichnen)

Die hinweisenden Pronomen stehen vor oder nach dem Nomen, das sie bestimmen. Wichtig ist, dass das Nomen stets mit dem Artikel **al-** steht:

هذا الطريق طويل
hâthâ at-tarîq tawîl.
dieser der-Weg lang
Dieser Weg ist lang.

المدينة هذه بعيدة
al-madîna hâthihî ba*îda.
die-Stadt diese fern(w)
Diese Stadt ist fern.

ذلك البيت كبير
thâlika al-bait kabîr.
jenes das-Haus groß
Jenes Haus ist groß.

هذه الأشياء جميلة
hâthihî al-ashyâ' djamîla.
diese die-Dinge(Pl) schön(w)
Diese Dinge sind schön.

هؤلاء الناس لطيفون
hâ'ulâ'i an-nâs lat̲îfûn.
diese die-Menschen nett(m,Pl)
Diese Menschen sind nett.

... تلك السنة
... tilka as-sana
... jenes das-Jahr
... jenes Jahr

Steht das Nomen jedoch ohne den Artikel **al-**, so wird das hinweisende Fürwort selbständig, und ein einfacher Satz wird gebildet:

هذا بيت
hâthâ bait.
dieses Haus
Das ist ein Haus.

هذا بيت كبير
hâthâ bait kabîr.
dieses Haus groß
Das ist ein großes Haus.

Hier und Dort / Es gibt

Hunâ (hier) und **hunâka** (dort) ersetzen auch den deutschen Ausdruck „es gibt". Geläufiger für „es gibt" ist aber das Wort **yûdjad.**

هنا	**hunâ**	hier
هناك, هنالك	**hunâka, hunâlika**	dort

هناك فندق
hunâka funduq.
dort Hotel
Es gibt dort ein Hotel.

هنا هذا الكتاب
hunâ hâthâ al-kitâb.
hier dieses das-Buch
Hier gibt es dieses Buch.

yûdjad wird zu **tûdjad,** wenn das, wonach gefragt wird, ein weibliches Wort oder ein Nomen in der Pl, das Dinge bezeichnet, ist.

يوجد فندق هنا؟
yûdjad funduq hunâ?
gibt-es Hotel hier
Gibt es hier ein Hotel?

توجد كتب هنا؟
tûdjad kutub hunâ?
gibt-es(w) Bücher hier
Gibt es hier Bücher?

توجد غرفة فاضية؟
tûdjad ghurfa fâdîya?
gibt-es(w) Zimmer frei
Gibt es ein freies Zimmer?

(aber:) هناك يوجد ناس كثيرون
hunâka yûdjad nâs kathirûn.
dort gibt-es(m) Menschen viele
Dort gibt es viele Leute.

Personalpronomen

Im Arabischen unterscheidet man genauer als im Deutschen, ob man z. B. einen Mann oder eine Frau anspricht: Mit **anta** (du) werden nur Männer und Jungen angeredet, mit **anti** (du) nur Frauen und Mädchen, das Gleiche gilt für den Plural („ihr"). Wenn man von einer Gruppe, die aus Männern und Frauen besteht, spricht, verwendet man die Form für eine Gruppe von Männern: **hum.**

Singular		
أنا	**anâ**	ich
أنتَ	**anta**	du (m)
أنتِ	**anti**	du (w)
هو	**huwa**	er
هي	**hiya**	sie

Plural		
نحنُ	**nahnu**	wir
أنتم	**antum**	ihr (m)
أنتنَّ	**antunna**	ihr (w)
هم	**hum**	sie (m)
هنَّ	**hunna**	sie (w)

Darüber hinaus gibt es noch zwei Sonderformen, wenn man genau zwei Personen anspricht oder von genau zwei Personen spricht:

أنتما	**antumâ**	ihr beiden
هما	**humâ**	sie beide

Eine Höflichkeitsanrede wie „Sie" wird im arabischen Alltagsleben nicht gebraucht. Bei offiziellen Anlässen werden Personen, denen man große Hochachtung entgegenbringt, mit **hadiratukum** (für Männer) oder **hadiratukunna** (für Frauen) angeredet. Man verwendet auch dann diese Pluralform, wenn man nur eine einzelne Person anredet (vgl. das Kapitel „Anrede").

أنتَ فلّاح
anta fallah.
du(m) Bauer
Du bist Bauer.

أنتِ طالبة
anti tâliba.
du(w) Studentin
Du bist Studentin.

أنا ألمانيّة
anâ almânîya.
ich Deutsche(w)
Ich bin Deutsche.

أنا ألماني
anâ almânî.
ich Deutscher(m)
Ich bin Deutscher.

نحن اجانب
nahnu adjânib.
wir Fremde(Pl)
Wir sind Fremde.

Achtung: Im Beispiel „Ich bin Deutscher / Deutsche“, verwendet ein Mann die männliche Form **(almânî),** eine Frau jedoch die weibliche **(almânîya).** Bei dieser Art von Sätzen muss also darauf geachtet werden, ob von einer Frau oder einem Mann die Rede ist (vgl. Kapitel „Sätze ohne Verben“).

Besitzanzeige

Besitzverhältnisse werden im Arabischen durch Endungen, die an das Nomen angehängt werden, ausgedrückt. Die folgende Tabelle zeigt also keine eigenständigen Possessivpronomen, sondern Possessivsuffixe (besitzanzeigende Endungen).

Diese Possessivsuffixe werden auch für das deutsche „dir, dich“ und „ihm, ihn“ verwendet und sollten gut gelernt werden (vgl. Kapitel „Wem? oder Wen?“).

ي	**-î**	mein
كَ	**-ka**	dein, dir, dich (m)
كِ	**-ki**	dein, dir, dich (w)
ه	**-hu**	sein, ihm, ihn
ها	**-hâ**	ihr, ihr, sie
نا	**-nâ**	unser, uns, uns
كم	**-kum**	euer, euch, euch (m)

كنّ	**-kunna**	euer, euch, euch (w)
هم	**-hum**	ihr, ihnen, sie (m)
هنّ	**-hunna**	ihr, ihnen, sie (w)

Wenn genau zwei Personen gemeint sind, verwendet man auch (jedoch selten) **-kumâ** (euer beider) und **-humâ** (ihrer beider).

Zwischen Endung und Nomen wird ein zusätzliches **-u-** geschoben, um die Aussprache zu erleichtern. Nur **-î** („mein") kann unmittelbar angehängt werden.

فندقي	**funduqî** *Hotel-mein*	mein Hotel
اسمكَ	**ismuka** *Name-dein(m)*	dein Name
اسمكِ	**ismuki** *Name-dein(w)*	dein Name
كتابه	**kitâbuhu** *Buch-sein(m)*	sein Buch
كتابكنّ	**kitâbukunna** *Buch-euer(w)*	euer Buch

Bei weiblichen Nomen taucht die unterdrückte Endung **-at** statt **-a** wieder auf, wenn die Possessivsuffixe angehängt werden. Auch hier erleichtert ein zwischengeschobenes **-u-** die Aussprache:

سيارة	**saiyâra**	Auto
سيارتنا	**saiyâratunâ** *Auto-unser*	unser Auto
شنطة	**shanta**	Tasche
شنطتها	**shantatuhâ** *Tasche-ihre*	ihre Tasche

هذا بيتكم
hâthâ baitukum.
dieses Haus-euer(m)
Das ist euer Haus.

هذه مدينتنا
hâthihî madinatunâ.
diese Stadt-unser
Dieses ist unsere Stadt.

Haben und Besitzen

Genauso wie es das Verb „sein“ im Arabischen nicht gibt, gibt es auch kein Verb für „haben“. Man hilft sich mit der Präposition **ladai** (bei) oder **la** (für), an die jeweils die Possessivsuffixe angehängt werden. Wörtlich sagt der Araber „bei mir“ od. „für mich“ und meint damit „ich habe“. Das gleiche geht auch mit dem Fürwort ***inda,** das ebenfalls „bei“ heißt.

لديّ	**ladaiya**	ich habe
لديكَ	**ladaika**	du (m) hast
لديكِ	**ladaiki**	du (w) hast
لديهِ	**ladaihi**	er hat
لديها	**ladaihâ**	sie hat
لدينا	**ladainâ**	wir haben
لديكم	**ladaikum**	ihr (m) habt
لديكنّ	**ladaikunna**	ihr (w) habt
لديهم	**ladaihum**	sie (m) haben
لديهنّ	**ladaihunna**	sie (w) haben

Die Konstruktion mit **ladai** (bei) ist zwar häufiger, man hört jedoch auch die Version mit dem Verhältniswort **la** (für):

لي	**lî**	ich habe
لكَ	**laka**	du (m) hast
لكِ	**laki**	du (w) hast
له	**lahu**	er hat
لها	**lahâ**	sie hat

لنا	**lanâ**	wir haben
لكم	**lakum**	ihr (m) habt
لكنّ	**lakunna**	ihr (w) habt
لهم	**lahum**	sie (m) haben
لهنّ	**lahunna**	sie (w) haben

Zu den Präpositionen ***inda** und **la** vgl. auch das Kapitel „Präpositionen“.

Steigern und Vergleichen

Das Steigern von Adjektiven funktioniert im Arabischen völlig anders als im Deutschen.

Komparativ

Um ein Adjektiv zu steigern (z. B. „groß – größer“), werden die im Adjektiv vorkommenden Konsonanten der Reihe nach in ein bestimmtes Schema eingesetzt:

a – K1 – K2 – **a** – K3

(**a** = der Buchstabe **a**; K1, K2, K3 = 1., 2., 3. Konsonant)

Das Schema wird folgendermaßen angewendet: Das gesteigerte Adjektiv beginnt mit einem **a,** es folgen der 1. und der 2. Konsonant des Adjektivs, es folgt ein zweites **a** und schließlich der 3. Konsonant des Adjektivs.

Beispiel: **rachîs** (billig) besteht aus der Konsonantenfolge **r-ch-s**. Nach dem Schema ergibt das „a-r-ch-a-s“: **archas** (billiger). Es gibt eine Möglichkeit, dieses komplizierte Schema mit Hilfe des

Wortes **akthar** (mehr) zu umgehen. Sagen Sie statt **archas** (billiger) einfach **akthar rachîs** (mehr billig), so werden Sie auch verstanden, selbst wenn es nicht ganz korrekt ist.

كبير	**kabîr**	groß
أكبر	**akbar**	größer
جديد	**djadîd**	neu
أجدد	**adjdad**	neuer
قديم	**qadîm**	alt
أقدم	**aqdam**	älter
فقير	**faqîr**	arm
أفقر	**afqar**	ärmer

Superlativ

Für die 2. Steigerungsstufe stellt man das Nomen hinter das gesteigerte Adjektiv:

أقدم بيت
aqdam bait
älter Haus
das älteste Haus

أكبر رجل
akbar radjul
größer Mann
der größte Mann

Will man einfach „der/die/das älteste" sagen, stellt man **shai'** (Ding, Sache) hinter das gesteigerte Adjektiv:

أقدم شيء
aqdam shai'
älter Sache
das Älteste

أكبر شيء
akbar shai'
größer Sache
das Größte

Vergleichen

Für den Vergleich braucht man das Wort **min** (als).

البيت أكبر من السيارة
al-bait akbar min as-saiyâra.
das-Haus größer als das-Auto
Das Haus ist größer als das Auto.

Verben und Zeiten

Wenn man sagt, Arabisch sei eine schwierige Sprache, dann wohl hauptsächlich deswegen, weil die Beugung der Verben (Tätigkeitswörter) wegen der vielen Ausnahmen viele Klippen in sich birgt. Ich stelle hier allerdings nur die wichtigsten dieser vielen Ausnahmen vor, damit auch dieses Kapitel überschaubar bleibt.

Vergangenheit

Zunächst einmal stellt sich die Frage, warum dieses Kapitel gerade mit der Vergangenheit beginnt. Nun, weil die Araber als Grundform eines Verbs die Vergangenheit ansehen. So wie man im Deutschen erklärt, das Verb heißt „schreiben“, sagen die Araber, das Verb heißt „er schrieb“. Als Grundform nimmt man im Arabischen nämlich immer die gebeugte Form des Verbs, und zwar immer in der 3. Person Singular männlich, also „er“, und das dann in der Vergangenheit. In dieser Form stehen alle Verben im Wörterverzeichnis.

Dass man im Arabischen die Grundform des Verbs mit „er“ in der Vergangenheit angibt, hat auch seinen Grund. Sie endet in der Regel mit einem **-a**. Die Verben werden gebeugt, indem dieses **-a** durch die verschiedenen Beugungsendungen für „ich, du …“ usw. ersetzt wird. Die Personalpronomen müssen deshalb auch nicht zusätzlich zum gebeugten Verb wiederholt werden. Oft stehen sie jedoch, wenn die betreffende Person hervorgehoben werden soll, z. B. im Satz: „Ich schreibe, aber du nicht!“

Die Grundform Vergangenheit entspricht im Deutschen gleich zwei Zeiten, und zwar der vollendeten Gegenwart (Perfekt): „ich habe geschrieben“ und der einfachen Vergangenheit (Imperfekt): „ich schrieb“.

Das Beugungsmuster arabischer Verben in der Vergangenheit sieht folgendermaßen aus:

Singular (Sg)		
ـتُ	ich	**-tu**
ـتَ	du (m)	**-ta**
ـتِ	du (w)	**-ti**
-	er	**-a**
ـتْ	sie	**-at**

Plural (Pl)		
ـنا	wir	**-nâ**
ـتم	ihr (m)	**-tum**
ـتنّ	ihr (w)	**-tunna**
ـوا	sie (m)	**-û**
ـنَ	sie (w)	**-na**

Das Beugungsmuster am Beispiel **kataba** (schreiben) angewandt:

كتب	**kataba**	schreiben
كتبتُ	**katabtu**	ich schrieb
كتبتَ	**katabta**	du (m) schriebst
كتبتِ	**katabti**	du (w) schriebst
كتب	**kataba**	er schrieb
كتبتْ	**katabat**	sie schrieb
كتبنا	**katabnâ**	wir schrieben
كتبتم	**katabtum**	ihr (m) schriebt
كتبتنّ	**katabtunna**	ihr (w) schriebt
كتبوا	**katabû**	sie (m) schrieben
كتبنَ	**katabna**	sie (w) schrieben

Ausnahmen

Wie immer gibt es leider auch Ausnahmen von der Regel, nach denen sich die Grundform bei der Beugung verändert. Dies trifft für die folgenden vier Arten von Verben zu. Vorab jedoch noch ein kleiner Trost: Bei der 3. Person Singular männlich und weiblich (er, sie) sowie der 3. Person Plural männlich (sie) verändert sich die Grundform nie!

Bei Verben, die in der Grundform Vergangenheit einen doppelten Konsonanten vor der Endung **-a** haben, wird der vorangehende Vokal verschoben, und zwar zwischen die beiden Konsonanten.

أحبّ	**ah̲abba [> ah̲bab-]**	lieben, mögen
أحببتُ	**ah̲babtu**	ich liebte
أحببتَ	**ah̲babta**	du (m) liebtest
أحببتِ	**ah̲babti**	du (w) liebtest
أحبّ	**ah̲abba**	er liebte
أحبّت	**ah̲abbat**	sie liebte
أحببنا	**ah̲babnâ**	wir liebten
أحببتم	**ah̲babtum**	ihr (m) liebtet
أحببتنّ	**ah̲babtunna**	ihr (w) liebtet
أحبّوا	**ah̲abbû**	sie (m) liebten
أحببنَ	**yah̲babna**	sie (w) liebten

Bei Verben mit langem **-â-** in der Mitte entfällt das **-â-** und ein kurzes **-u-** (oder **-i-**) tritt an seine Stelle.

قال	**qâla [> qul-]**	sagen
قلتُ	**qultu**	ich sagte
قلتَ	**qulta**	du (m) sagtest
قلتِ	**qulti**	du (w) sagtest
قال	**qâla**	er sagte
قالتْ	**qâlat**	sie sagte
قلنا	**qulnâ**	wir sagten
قلتم	**qultum**	ihr (m) sagtet
قلتنّ	**qultunna**	ihr (w) sagtet
قالوا	**qâlû**	sie (m) sagten
قلنَ	**qulna**	sie (w) sagten

Bei Verben mit einem langem **-â** am Wortende wird das **-â** zu **-ai.** Ausnahme: In der Form für „sie (m/Pl)“ wird **-â + -û** zu **-au.**

رأى	**ra'â [> ra'ai-]**	sehen
رأيتُ	**ra'aitu**	ich sah
رأيتَ	**ra'aita**	du (m) sahst
رأيتِ	**ra'aiti**	du (w) sahst
رأى	**ra'â**	er sah
رأتْ	**ra'at**	sie sah
رأينا	**ra'ainâ**	wir sahen
رأيتم	**ra'aitum**	ihr (m) sahet
رأيتنّ	**ra'aitunna**	ihr (w) sahet
رأوْا	**ra'au**	sie (m) sahen
رأينَ	**ra'aina**	sie (w) sahen

Endet ein Verb auf **-iya,** wird diese Endung zu **-î;** die Endung **-û** für „sie (m/Pl)" bleibt allerdings erhalten.

بقيَ	**baqiya [> baqî-]**	bleiben
بقيتُ	**baqîtu**	ich blieb
بقيتَ	**baqîta**	du (m) bliebst
بقيتِ	**baqîti**	du (w) bliebst
بقيَ	**baqiya**	er blieb
بقيتْ	**baqiyat**	sie blieb
بقينا	**baqînâ**	wir blieben
بقيتم	**baqîtum**	ihr (m) bliebt
بقيتنّ	**baqîtunna**	ihr (w) bliebt
بقوا	**baqû**	sie (m) blieben
بقينَ	**baqîna**	sie (w) blieben

„sein" in der Vergangenheit

In der Gegenwart gibt es kein eigenständiges Verb für „sein". In der Vergangenheit braucht man jedoch eines: die Grundform Vergangenheit für „war" heißt **kâna** (wörtlich also: „er war"). Es wird wie das Beispielverb **qâla** gebeugt (siehe oben). Lernen Sie es am besten auswendig.

كان	**kâna [> kun-]**	war
كنتُ	**kuntu**	ich war
كنتَ	**kunta**	du (m) warst
كنتِ	**kunti**	du (w) warst
كان	**kâna**	er war
كانتْ	**kânat**	sie war
كنّا	**kunnâ**	wir waren
كنتم	**kuntum**	ihr (m) wart
كنتنّ	**kuntunna**	ihr (w) wart
كانوا	**kânû**	sie (m) waren
كنّ	**kunna**	sie (w) waren

Gegenwart

Die Gegenwartsform eines Verbs lässt sich aus der Grundform Vergangenheit ableiten. Dabei entfällt jeweils der erste Vokal nach dem ersten Konsonanten und die Endung **-a** der Grundform Vergangenheit. In der Wörterliste im Anhang werden immer beide Grundformen (Vergangenheit und Gegenwart) genannt. Bei „schreiben" steht also **kataba, yaktubu** (er schrieb, er schreibt).

thahaba (gehen) ist die Grundform Vergangenheit (wörtlich: „er ging“). Daraus wird der Stamm für die Gegenwart gebildet: **-thhab-.** An diesen werden wie im folgenden Beugungsmuster wiederum Vor- und Nachsilben angehängt. Da die Vorsilben sämtlich den Vokal **-a-** enthalten, wird dieses Beugungsschema „A-Variante“ genannt. Weiter unten ist die Rede von der so genannten „U-Variante“. Damit ist gemeint, dass das **-a-** der Vorsilbe regelmäßig durch ein **-u-** ersetzt wird. Sonst aber bleiben die Beugungsvor- und -nachsilben erhalten.

A-Variante

Singular (Sg)	
ich	**a-...-u**
du (m)	**ta-...-u**
du (w)	**ta-...-îna**
er	**ya-...-u**
sie	**ta-...-u**

Plural (Pl)	
wir	**na-...-u**
ihr (m)	**ta-...-ûna**
ihr (w)	**ta-...-na**
sie (m)	**ya-...-ûna**
sie (w)	**ya-...-na**

Die Grundform Gegenwart (wieder die Form für „er ...“) lautet für **thahaba, -thhab-** demnach **yathhabu.** Diese Form steht auch in der Wörterliste im Anhang (nach der Grundform Vergangenheit).

Das Beugungsmuster auf das Verb **thahaba, yathhabu** (gehen) angewandt:

ذهب	**thahaba [> -thhab-]**	gehen
أذهب	**athhabu**	ich gehe
تذهب	**tathhabu**	du (m) gehst
تذهبين	**tathhabîna**	du (w) gehst
يذهب	**yathhabu**	er geht
تذهب	**tathhabu**	sie geht
نذهب	**nathhabu**	wir gehen
تذهبون	**tathhabûna**	ihr (m) geht
تذهبنَ	**tathhabna**	ihr (w) geht
يذهبون	**yathhabûna**	sie (m) gehen
يذهبنَ	**yathhabna**	sie (w) gehen

Ausnahmen bei der Bildung der Grundform Gegenwart

Bei Verben, die mit einem **i-** beginnen, fällt das **-i** einfach fort: Aus **ichtâra** (wählen) wird die Grundform Gegenwart **yachtâru.**

Bei den meisten Verben (die sich aus drei Konsonanten zusammensetzen) ändert sich bei der Bildung der Grundform Gegenwart darüber hinaus der in der Wortmitte stehende Vokal. In **kataba** (schreiben) wird er zu **-u-,** die Grundform Gegenwart heißt also **yaktubu:**

كتب	**kataba [> -ktub-]**	schreiben
أكتب	**aktubu**	ich schreibe
تكتب	**taktubu**	du (m) schreibst
تكتبين	**taktubîna**	du (w) schreibst
يكتب	**yaktubu**	er schreibt
تكتب	**taktubu**	sie schreibt

نكتب	**naktubu**	wir schreiben
تكتبون	**taktubûna**	ihr (m) schreibt
تكتبنَ	**taktubna**	ihr (w) schreibt
يكتبون	**yaktubûna**	sie (m) schreiben
يكتبنَ	**yaktubna**	sie (w) schreiben

Für den Vokalwechsel gibt es keine Regel; daher sollte man die Grundform Gegenwart gleich mit dem Verb mitlernen.

Bei allen Verben mit doppeltem Konsonanten bleibt der Vokal, der in der Grundform Gegenwart bei regelmäßigen Verben ausfällt, erhalten. Die Grundform Gegenwart von **ta*arrafa** (kennen lernen) heißt also **yata*arrafu.** Darüber hinaus gibt es für Verben mit doppeltem Konsonanten eine weitere Ausnahme, die weiter unten erklärt wird.

Verben mit langem **-â** am Wortende: Das lange **-â** wird entweder zu **-û** oder **-î.** Die kurzen Beugungsnachsilben **-u** entfallen, die Beugungsnachsilben **-îna** oder **-ûna** dagegen bleiben erhalten:

دعا	da*â [> -d*û-]	einladen
أدعو	**ad*û**	ich lade ein
تدعو	**tad*û**	du (m) lädst ein
تدعين	**tad*îna**	du (w) lädst ein
يدعو	**yad*û**	er lädt ein
تدعو	**tad*û**	sie lädt ein
ندعو	**nad*û**	wir laden ein
تدعون	**tad*ûna**	ihr (m) ladet ein
تدعون	**tad*ûna**	ihr (w) ladet ein
يدعون	**yad*ûna**	sie (m) laden ein
يدعون	**yad*ûna**	sie (w) laden ein

Verben, die auf **-iya** enden: **-iya** wird zu einem langen **-â,** wenn sie auf die regelmäßige Beugungsnachsilbe **-u** trifft. Sonst verändert sich die Beugungsnachsilbe folgendermaßen: **-iya** plus Nachsilbe **-îna** wird zu **-aina, -iya** plus **-ûna** wird zu **-auna. -iya** plus Nachsilbe **-na** wird zu **-îna.**

بقيَ	**baqiya [> -bqâ-]**	bleiben
أبقى	**abqâ**	ich bleibe
تبقى	**tabqâ**	du (m) bleibst
تبقَيْن	**tabqaina**	du (w) bleibst
يبقى	**yabqâ**	er bleibt
تبقى	**tabqâ**	sie bleibt
نبقى	**nabqâ**	wir bleiben
تبقَوْن	**tabqauna**	ihr (m) bleibt
تبقَيْن	**tabqaina**	ihr (w) bleibt
يبقَوْن	**yabqauna**	sie (m) bleiben
يبقَيْن	**yabqaina**	sie (w) bleiben

Verben, die aus entweder zwei, vier oder noch mehr Konsonanten zusammengesetzt sind und ein langes **-â-** in der Wortmitte haben: Das **-â-** kann zu **-û-** oder **-î-** werden, oder das **-â-** wird beibehalten. Für diesen Wechsel gibt es keine Regel, er muss gleich mitgelernt werden.

قال	**qâla [> -qûl-]**	sagen
أقول	**aqûlu**	ich sage
تقول	**taqûlu**	du (m) sagst
تقولين	**taqûlîna**	du (w) sagst
يقول	**yaqûlu**	er sagt
تقول	**taqûlu**	sie sagt

نقول	**naqûlu**	wir sagen
تقولون	**taqûlûna**	ihr (m) sagt
تقلنَ	**taqûlna**	ihr (w) sagt
يقولون	**yaqûlûna**	sie (m) sagen
يقلنَ	**yaqûlna**	sie (w) sagen

bâ*a (verkaufen) z. B. wird zu **-bî*-** und bildet dann die Grundform Gegenwart **yabî*u** (er verkauft). Bei **nâma** (schlafen) z. B. bleibt das **-â-** in der Grundform Gegenwart erhalten **(nâm-): yanâmu** (er schläft). Diese Regeln gelten auch für längere Verben, wie **istaṯâ*a** (können). Das **i-** am Wortanfang fällt bekanntlich fort (s. o.), und aus dem langen **-â-** wird langes **-î- (-staṯî*-): yastaṯî*u** (er kann).

U-Variante

Bei manchen Verben verändert sich das regelmäßige Beugungsschema dahingehend, dass das **-a-** der Beugungs- vorsilbe („A-Variante") regelmäßig durch ein **-u-** ersetzt wird („U-Variante"). Alles andere bleibt gleich.

Verben, die aus drei Konsonanten zusammengesetzt sind und mit einem **a-** beginnen: Die Beugung erfolgt nach der U-Variante, der in der Mitte stehende Vokal wird durch ein **-i-** ersetzt. **achbara** (benachrichtigen) z. B. wird zu **(-chbir-) yuchbiru, ah̲abba** (mögen, lieben) zu **(-h̲ibb-) yuh̲ibbu:**

أحبّ	**ah̲abba [> -h̲ibb-]**	lieben, mögen
أحبُّ	**uh̲ibbu**	ich liebe
تحبّ	**tuh̲ibbu**	du (m) liebst
تحبّين	**tuh̲ibbîna**	du (w) liebst
يحبّ	**yuh̲ibbu**	er liebt

تحبّ	**tuhibbu**	sie liebt
نحبّ	**nuhibbu**	wir lieben
تحبّون	**tuhibbûna**	ihr (m) liebt
تحببنَ	**tuhbibna**	ihr (w) liebt
يحبّون	**yuhibbûna**	sie (m) lieben
يحببنَ	**yuhbibna**	sie (w) lieben

Achtung: Verben wie **'akala** (essen) oder **'amara** (befehlen) beginnen zwar auch mit einem **a-,** aber bei ihnen steht davor zusätzlich ein Stimmabsatz. Dieser Stimmabsatz wird wie ein ganz normaler Konsonant betrachtet, was bewirkt, dass diese Verben regelmäßig gebeugt werden: **'akala (> -'kul-)** bildet die Grundform Gegenwart **ya'kulu,** es heißt also: **a'kulu** (ich esse) **ta'kulu** (du isst) usw.

Verben mit genau drei Konsonanten und einem langen **-â-** hinter dem ersten Konsonanten: Es wird nach der U-Variante gebeugt, **-â-** bleibt erhalten, aber der kurze Vokal in der Wortmitte wird zu **-i-:**

ساعد	**sâ*ada [> -sâ*id-]**	helfen
أساعد	**usâ*idu**	ich helfe
تساعد	**tusâ*idu**	du (m) hilfst
تساعدين	**tusâ*idîna**	du (w) hilfst
يساعد	**yusâ*idu**	er hilft
تساعد	**tusâ*idu**	sie hilft
نساعد	**nusâ*idu**	wir helfen
تساعدون	**tusâ*idûna**	ihr (m) helft
تساعدنَ	**tusâ*idna**	ihr (w) helft
يساعدون	**yusâ*idûna**	sie (m) helfen
يساعدنَ	**yusâ*idna**	sie (w) helfen

Verben, deren zweiter Konsonant verdoppelt ist: Es wird nach der U-Variante gebeugt, der erste Vokal bleibt erhalten, aber der nächste Vokal in der Wortmitte wird durch ein **-i-** ersetzt.

صلّح	**sallaha [> -sallih-]**	reparieren
أصلّح	**usallihu**	ich repariere
تصلّح	**tusallihu**	du (m) reparierst
تصلّحين	**tusallihîna**	du (w) reparierst
يصلّح	**yusallihu**	er repariert
تصلّح	**tusallihu**	sie repariert
نصلّح	**nusallihu**	wir reparieren
تصلّحون	**tusallihûna**	ihr (m) repariert
تصلّحنَ	**tusallihna**	ihr (w) repariert
يصلّحون	**yusallihûna**	sie (m) reparieren
يصلّحنَ	**yusallihna**	sie (w) reparieren

Das sind natürlich viel zu viele Regeln, als dass sie alle gelernt werden können. Deshalb ist es zu Anfang hilfreicher, wenn man die Gegenwartsform jedes Verbs mitlernt. Aus ihr können alle diese Veränderungen entnommen werden. Wenn man dann noch den Unterschied zwischen A- und U-Variante kennt, kann man alle hier erklärten Ausnahmen zur Bildung der Grundform Gegenwart aus der Grundform Vergangenheit überspringen.

Zukunft

Ist die Gegenwartsform eines Verbs bekannt, kann daraus die Zukunftsform im Handumdrehen gebildet werden. Um die Zukunft zu bilden, stellt das Arabische das unveränderliche Wort **saufa** oder einfach nur die Vorsilbe **sa-** dem Verb in der Gegenwart voran. In der Wort-für-Wort-Übersetzung steht an dieser Stelle die Abkürzung „ZUK" („Zukunft").

سوف أكتب
saufa aktubu.
ZUK ich-schreibe
Ich werde schreiben.

(oder:) سأكتب
sa-aktubu.
ZUK-ich-schreibe
Ich werde schreiben.

Wichtige Verben

	Vergangenheit		Gegenwart	
ansehen	نظر	**naẕara**	ينظُر	**yanẕuru**
beschimpfen	سبّ	**sabba**	يسُبّ	**yasubbu**
bestellen	طلب	**ṯalaba**	يطلُب	**yaṯlubu**
bezahlen	دفع	**dafa*a**	يدفَع	**yadfa*u**
bringen	جلب	**dj̱alaba**	يجلِب	**yadj̱libu**
jmd. einladen	دعا	**da*â**	يدعو	**yad*û**
erklären	شرح	**sharaẖa**	يشرح	**yashraẖu**
essen	أكل	**'akala**	يأكل	**ya'kulu**
fotografieren	صوّر	**s̱awwara**	يُصوّر	**yus̱awwiru**
geben	أعطى	**a*ṯâ**	يُؤطي	**yu*ṯî**
gehen, fahren	ذهب	**thahaba**	يذهب	**yathhabu**
lesen	قرأ	**qara'a**	يقرأ	**yaqra'u**
lieben	أحبّ	**aẖabba**	يحبّ	**yuẖibbu**
machen, tun	فعل	**fa*ala**	يفعل	**yaf*alu**
nachdenken	فكّر	**fakkara**	يُفكّر	**yufakkiru**
nehmen	أخذ	**'achatha**	يأخذ	**ya'chuthu**

sagen	قال	**qâla**	يقول	**yaqûlu**
schlafen	نام	**nâma**	ينام	**yanâmu**
sehen	رأى	**ra'â**	يرى	**yarâ**
sprechen, reden	تكلّم	**takallama**	يتكلّم	**yatakkalamu**
trinken	شرب	**sharaba**	يشرَب	**yashrabu**
jmd. treffen	لقِيَ	**laqiya**	يلقَى	**yalqâ**
verlassen	ترك	**taraka**	يترُك	**yatruku**
verstehen	فهم	**fahima**	يفهَم	**yafhamu**
wählen (aus-)	اختار	**ichtâra**	يختار	**yachtâru**
wissen, kennen	عرَف	***arafa**	يعرِف	**ya*rifu**
wollen, wünschen	أراد	**arâda**	يريد	**yurîdu**
wohnen	سكن	**sakana**	يسكُن	**yaskunu**
zeigen	أري	**arâ**	يُري	**yurî**

تتكلّم العربية؟
tatakallamu al-*arabîya?
du(m)-sprichst das-Arabische
Sprichst du Arabisch?

تشربون شاي؟
tashrabûna shâi?
ihr(m)-trinkt Tee
Trinkt ihr Tee?

أحبّ
uhibbu.
ich-liebe
Ich liebe.

أفهم دلال
afhamu Dalâl.
ich-verstehe Dalâl
Ich verstehe Dalâl.

Satzstellung

Anders als im Deutschen steht das Verb (Tätigkeitswort) immer am Satzanfang, danach erst wird der Handelnde (das Subjekt) genannt, und danach erst steht die Satzergänzung (das Objekt).

Verb	Subjekt	Objekt
ahabba	**Muhammad**	**Dalâl.**
liebte-er	*Muhammad*	*Dalâl*

Muhammad liebte Dalâl.

An dieses Satzgefüge können sich weitere Angaben, z. B. Zeitangaben oder Umstandsangaben, anschließen:

Verb	Subjekt	Objekt	
dafa*a	**abî**	**al-hisâb**	**amsi.**
bezahlte-er	*Vater-mein*	*die-Rechnung*	*gestern*

Mein Vater hat gestern die Rechnung bezahlt.

Wem? oder Wen?

Für dieses Kapitel ist es wichtig, dass man sich kurz noch einmal das Kapitel „Satzstellung“ ansieht, da die Satzergänzung (Objekt) näher betrachtet werden soll.

Nomen und Adjektive als Objekt (Satzergänzung)

Im Arabischen erhält dasjenige Nomen oder auch Adjektiv, das das Objekt darstellt, die Beugungsendung **-an.** Das Objekt erhält die Beugungsendung aber nur dann, wenn es ohne den Artikel **al-** (der, die) steht. Eigennamen und Nomen mit bestimmtem Artikel bleiben also unverändert (vgl. auch Beispiele im Kapitel „Satzstellung“!). In der Wort-für-Wort-Übersetzung steht für die Beugungsendung des Objekts die Abkürzung „OBJ“.

يقرأ كتاباً
yaqra'u kitâban.
er-liest Buch-OBJ
Er liest ein Buch.

أريد أكلاً
urîdu aklan.
ich-will Essen-OBJ
Ich wünsche ein Essen.

رأوْا الناس صورةً
ra'au an-nâs s̲ûratan.
sahen-sie(m) die-Menschen Bild-OBJ
Die Leute sahen ein Bild.

In Sätzen mit dem Verb **kâna** (war) bekommt das Objekt auch die Beugungsendung **-an.** Das Wort „war“ ordnet jemandem Eigenschaften zu, z. B. „Ich war krank.“

أنا مريض	(aber:) كنتُ مريضاً
anâ marîḏ.	**kuntu marîḏan.**
ich krank	*war-ich krank-OBJ*
Ich bin krank.	Ich war krank.
أنتَ مبسوط	(aber:) كنتَ مبسوطاً
anta mabsûṯ.	**kunta mabsûṯan.**
du(m) zufrieden	*warst-du(m) zufrieden-OBJ*
Du bist zufrieden.	Du warst zufrieden.

Wird die Beugungsendung **-an** an ein weibliches Nomen (das auf **-a** endet), dann wird **-a** durch die ursprüngliche weibliche Endung **-at** ersetzt.

كانت فاطمة طالبةً
kânat Fâṯima ṯâlibatan.
war-sie Fâtima Studentin-OBJ
Fâtima war eine Studentin.

هي طالبة	(aber:) كانت طالبةً
hiya ṯâliba.	**kânat ṯâlibatan.**
sie Studentin	*war-sie Studentin-OBJ*
Sie ist eine Studentin.	Sie war eine Studentin.

Steht das Objekt jedoch mit dem Artikel **al-**, wird die Beugungsendung nicht angehängt.

هي الطالبة	كانت الطالبة
hiya aṯ-ṯâliba.	**kânat aṯ-ṯâliba.**
sie die-Studentin	*war-sie die-Studentin*
Sie ist die Studentin.	Sie war die Studentin.

Auch wenn Adjektive Handlungen beschreiben (Adverbien oder Umstandswörter), wird die Objekt-Endung **-an** angehängt:

الأكل جيّد
al-akl djaiyid.
das-Essen gut
Das Essen ist gut.

aber: أكل جيّداً
akala djaiyidan.
er-aß gut-OBJ
Er aß gut.

سوف تتكلّم العربيّة جيّداً
saufa tatakallamu al-*arabîya djaiyidan.
ZUK du(m)-sprichst das-Arabische gut-OBJ
Du wirst gut Arabisch sprechen.

ستتكلّم جيّداً بعد قليل
sa-tatakallamu djaiyidan ba*da qalîl.
ZUK-du(m)-sprichst gut-OBJ nach wenig
Du wirst bald gut sprechen.

Personalpronomen als Objekt

Für „dir, dich, mir, mich" usw. in Konstruktionen wie „ich gebe dir", „ich sehe dich" werden dieselben Endungen verwendet wie für die Possessivsuffixe „mein, dein" und so weiter. Vergleichen Sie deshalb die Übersicht im Kapitel „Besitzanzeige". Die Endungen werden an das Verb angehängt, erhalten aber nicht die Objekt-Endung **-an!** Einzige Ausnahme zu den Possessivsuffixen: Statt **-î** (mein) wird **-nî** (mir, mich) angehängt.

رأيتُكَ
ra'aituka.
sah-ich-dich(m)
Ich habe dich gesehen.

رأيتَني؟
ra'aitanî?
sahst-du(m)-mich
Hast du mich gesehen?

أحببتَها؟
ahbabtahâ?
liebtest-du(m)-sie
Hast du sie geliebt?

كتبهم
katabahum.
schrieb-er-ihnen(m)
Er hat ihnen geschrieben.

Weitere Möglichkeiten mit -an

Mit der Objekt- Endung **-an** kann man außerdem Zeitangaben bilden.

صباح	**sabâh**	Morgen
صباحاً	**sabâhan**	morgens
ظهر	**zuhr**	Mittag
ظهراً	**zuhran**	mittags
يوم	**yaum**	Tag
يوماً	**yauman**	täglich

Können und Müssen

Mumkin heißt eigentlich „möglich“. In Verbindung mit Verben jedoch ersetzt es das deutsche Modalverb „können“:

ممكن لديكَ ماء؟
mumkin ladaika mâ'?
möglich bei-dir(m) Wasser
Haben Sie vielleicht Wasser?

ممكن أشربُ بيرة هنا؟
mumkin aschrabu bîra hunâ?
möglich ich-trinke Bier hier
Kann ich hier Bier trinken?

„Nicht möglich“ heißt **ghair mumkin:**

لا, غير ممكن, هذا مطعم إسلامي
lâ, ghair mumkin, hâthâ maṯ*am islâmî.
nein, nicht möglich, dieses Restaurant muslimisch
Nein, das ist nicht möglich,
dies ist ein muslimisches Restaurant.

Genauso geht es mit „müssen“. Das arabische Wort **lâzim** heißt „notwendig“ und erfüllt den Zweck des deutschen Modalverbs „müssen“.

لازم أكتبُ رسالةً
lâzim aktubu risâlatan.
notwendig ich-schreibe Brief-OBJ
Ich soll einen Brief schreiben.

لازم أدرس العربية
lâzim adrusu al-*arabîya.
notwendig ich-lerne das-Arabische
Ich muss Arabisch lernen.

Konjunktionen

Die Konjunktionen (Bindewörter) werden wie im Deutschen verwendet.

لكن	**lâkin**	aber
فقط	**faqaṯ**	nur
كأنّ	**ka'anna**	als ob
إلّا	**illâ**	außer

قبل ما	**qabla mâ**	bevor
إلى ان	**ilâ an**	bis, dass
حتّى	**hattâ**	bis
أن	**an**	dass
مثل	**mithla**	wie
بعد ذلك	**ba*da thâlika**	danach
لأن	**li-anna**	denn / weil
بعد ما	**ba*da mâ**	nachdem
أو	**au**	oder
من أجل	**min adjli**	um zu, damit
و	**wa, w-**	und
الذي	**allathî** (m)	jener, welcher
التي	**allati** (w)	jene, welche

Achtung: **wa** (und) verschmilzt mit dem Artikel **al** (der, die) zu **wal** (und der/die).

Vielseitig ist vor allem die Konjunktion **min adjli** (um zu, damit). Mit diesem Wort kann eine Handlung oder ein Gegenstand leicht umschrieben werden. Kennen Sie das Wort für „Stift" nicht? Fragen Sie einfach nach „einer Sache, damit ich schreibe":

أريد شيئاً من أجل أكتب
urîdu shai'an min adjli aktubu.
ich-will Sache-OBJ damit ich-schreibe
Ich möchte etwas, um zu schreiben.

Das deutsche „dass" heißt **an** und wird genauso gebraucht wie im Deutschen.

أريد أن تكتب هذا

urîdu an taktubu hâthâ.

ich-will dass du-schreibst dieses

Ich möchte, dass du das schreibst.

أعرف أن كنتَ مريضاً

a*rifu an kunta marîdan.

ich-weiß dass warst-du(m) krank-OBJ

Ich weiß, dass du krank warst.

قلتُ أن...

qultu an ...

sagte-ich dass ...

Ich habe gesagt, dass ...

Wo man im Deutschen zwei Verben miteinander kombiniert, steht im Arabischen ein „dass"-Satz:

أريد أن أكل شيئاً

urîdu an akulu shai'an.

ich-will dass ich-esse Sache-OBJ

Ich möchte etwas essen.

أريد أن أتّصل

urîdu an attasilu.

ich-will dass ich-telefoniere

Ich möchte telefonieren.

„Weil“ heißt im Arabischen **li-anna.** Und noch etwas: Für das unpersönliche „es“ verwendet man im Arabischen die männliche Form **huwa** (er):

هذا غالي لأنّ هو قديم
hâthâ ghâliy li-anna huwa qadîm.
dieses teuer weil er alt
Dies ist teuer, weil es alt ist.

Für Satzkontruktionen, wie z. B. „der Mann, welcher (der) ...“, „das Mädchen, welches (das) ...“, braucht man **allathî** (welcher) für männliche Nomen und **allatî** (welche) für weibliche Nomen.

البنت التي رأيتها أمس كانت دلال
al-bint allatî ra'aituhâ amsi kânat Dalâl.
das-Mädchen welches sah-ich-sie gestern war-sie Dalâl
Das Mädchen, das ich gestern sah, war Dalâl.

هذا الرجل الذي قال أن...
hâthâ ar-radjul allathî qâla an ...
dieses der-Mann welcher sagte-er dass ...
Das ist der Mann, der sagte, dass ...

البيت الذي أكبر بيت هو بيتي
al-bait allathî akbar bait huwa baitî.
das-Haus welches größer Haus er Haus-mein
Das größte Haus ist mein Haus.

Präpositionen

Die Präpositionen (Verhältniswörter) **fî, bi,** und **li** werden zusammen mit dem Artikel **al-** zu **fîl-, bil-** und **lil-.**

على	***alâ**	auf, nach
عند	***inda**	bei
لدى	**ladâ / ladai**	bei
لِ	**li / la**	für, zu, nach
خلف	**chalfa**	hinter
في	**fî**	in
معى	**ma*a**	mit
بعد	**ba*da**	nach
بجانب	**bidjânibi**	neben
بدون	**bidûni**	ohne
فوق	**fauqa**	über
تحت	**tahta**	unter
بِ	**bi**	mit, mittels
من	**min**	von, aus
عن	***an**	von etw. fort
أمام	**amâma**	vor (örtl.)
قبل	**qabla**	vor (zeitl.)
إلى	**ilâ**	zu
بين	**baina**	zwischen

هو في المدينة
huwa fîl-madîna.
er in-die-Stadt
Er ist in der Stadt.

أنا على الساحة
anâ *alâ as-sâha.
ich auf-der-Platz
Ich bin auf dem Platz.

سنلتقي أمام الفندق

sa-naltaqî amâma al-funduq.

ZUK-wir-treffen-uns vor das-Hotel

Wir werden uns vor dem Hotel treffen.

Auch an Präpositionen können die Endungen für „mir, mich, dir, dich" usw. angehängt werden. Es sind dieselben wie die Possessivsuffixe. Allerdings verändern sich dabei einige Präpositionen:

لِ	**li** (für)	**la-**
على	***alâ** (auf)	***alai-**
إلى	**ilâ** (zu)	**ilai-**

-î (Endung für „mein, mir") wird zu **-ya,** wenn es an Präpositionen, die auf **-i** bzw. **-î** enden, angehängt wird.

فيَّ	**fî + -î**	**fîya** (in mir)
عليَّ	**(*alâ) *alai- + -î**	***alaiya** (auf mir)
إليَّ	**(ilâ) ilai- + -î**	**ilaiya** (zu mir)

Endet ein Verhältniswort auf **-a,** wird dieses einfach verdrängt: „für mich" heißt **lî,** „bei mir" ***indî,** „über mir" **fauqî!**

خلفكِ	**chalfaka**	*hinter-dir(m)*	hinter dir
خلفكَ	**chalfaki**	*hinter-dir(w)*	hinter dir

بيتي أمامنا

baitî amâmanâ.

Haus-mein vor-uns

Mein Haus ist vor uns.

معك الحقّ

ma*aka al-haqq.

mit-dir(m) das-Recht

Du hast Recht.

نذهب إلى الفندق

nathhabu ilâ al-funduq.

wir-gehen zu das-Hotel

Wir gehen zum Hotel.

Wie im Deutschen werden viele Verben mit bestimmten Präpositionen gekoppelt. Oft sind es die gleichen Präpositionen wie im Deutschen, z. B. „zu jmd. gehen“, „für jmd. etw. tun“. Teilweise werden im Arabischen aber andere Präpositionen als im Deutschen verlangt, so steht „denken“ im Deutschen mit „an“ („an jmd. denken“), im Arabischen sagt man aber **fî** (in), also „in etwas/jmd. denken“. Weicht der Gebrauch der Präpositionen vom Deutschen ab, so ist das arabische Wort im Wörterbuch im Anhang vermerkt.

ذهبتُ إليكِ

thahabtu ilaiki.

ging-ich zu-dir(w)

Ich ging zu dir.

فكّرتُ فيكِ

fakkartu fîki.

dachte-ich in-dir(w)

Ich dachte an dich.

اتّصلتُ معه

itassalnâ ma*ahu.

telefonierten-wir mit-ihm

Wir haben mit ihm telefoniert.

قال لي أن

qâla lî, an ...

sagte-er für-mich, dass ...

Er sagte mir, dass ...

Fragen

Man muss zwischen zwei Arten von Fragesätzen unterscheiden: Ergänzungsfragen und Satzfragen.

Ergänzungsfragen

Ergänzungsfragen sind Fragen mit Fragewörtern. Auf diese Fragen muss man mit einem vollständigen Satz antworten. Die Fragewörter stehen immer am Satzanfang.

من؟	**man?**	wer?
أيّ؟	**aiy?**	welche(r, -s)?
كيف؟	**kaifa?**	wie?
ماذا, ما؟	**mâthâ?, mâ?**	was?
لماذا؟	**li-mâthâ?** *für-was*	warum?
متى؟	**mata?**	wann?
أين؟	**aina?**	wo?
إلى أين؟	**ilâ-aina?** *zu-wo*	wohin?
من أين؟	**min-aina?** *von-wo*	woher?
كم؟	**kam?**	wie viel?
بكم؟	**bi-kam?** *mit-wieviel*	wie viel kostet?
نعم؟	**na*am?**	wie bitte?

أين المحطّة؟
aina al-mahatta?
wo der-Bahnhof
Wo ist der Bahnhof?

من أين أنتم؟
min-aina antum?
von-wo ihr
Woher seid ihr?

ما هذا؟
mâ hâthâ?
was dieses
Was ist das?

كيف الطقس؟
kaifa aṯ-ṯaqs?
wie das-Wetter
Wie ist das Wetter?

Mit **bi-kam** „mit-wieviel" kann man direkt nach dem Preis einer Sache fragen.

بكم الكيلو بطاطا؟
bi-kam al-kîlû baṯâṯâ?
mit-wieviel das-Kilo Kartoffel(GATT)
Wie viel kostet das Kilo Kartoffeln?

An Fragewörter können auch die Possessivsuffixe (besitzanzeigenden Endungen) angehängt werden (siehe auch Kapitel „Besitzanzeige" auf Seite 43):

كيف هو؟
kaifa huwa?
wie er
Wie geht es ihm?

كيفه؟
kaifahu?
wie-er
Wie geht es ihm?

Entscheidungsfragen

Entscheidungsfragen sind Fragen ohne Fragewörter, man antwortet entweder mit „ja" oder „nein". Im Arabischen werden sie mit der Fragepartikel **hal** (in der Wort-für-Wort-Übersetzung mit „FRA" abgekürzt) gebildet. **hal** steht am Satzanfang und kündigt an, dass der folgende Satz eine Frage ist.

هل حسن في البيت؟
hal Hassan fîl-bait?
FRA Hassan in-das-Haus
Ist Hassan zu Hause?

هل أنتَ مريض؟
hal anta marîd?
FRA du(m) krank(m)
Bist du krank?

In Fragesätzen, in denen Verben vorkommen, kann auch auf **hal** verzichtet werden. Wie im Deutschen zeigt ein Anheben der Stimme am Satzende an, dass es sich um eine Frage handelt. An der normalen Satzstellung ändert sich dabei nichts:

هل كتبتَ الرسالة؟
hal katabta ar-risâla?
FRA schriebst-du(m) der-Brief
Hast du den Brief geschrieben?

كتبتَ الرسالة؟
katabta ar-risâla?
schriebst-du(m) der-Brief
Hast du den Brief geschrieben?

Verneinung

Im Hocharabischen gibt es drei verschiedene Verneinungswörter: **lâ** („nicht“, zugleich auch „nein“), **mâ** (nicht) und das Verb **laisa** (Grundform Gegenwart: „er ist nicht“).

lâ (nein, nicht) wird für Verben in der Gegenwart und Zukunft verwendet. Mit **mâ** werden Verben in der Vergangenheit verneint. **mâ** wird dem Verb vorangestellt:

ما رأيتُكَ أمس
mâ ra'aituka amsi.
nicht sah-ich-dich(m) gestern
Ich habe dich gestern nicht gesehen.

ما اشترينا سيارةً
mâ ishtarainâ saiyaratan.
nicht kauften-wir Auto-OBJ
Wir haben kein Auto gekauft.

لا أعرفه
lâ a*rifuhu.
nicht ich-weiß-ihn
Ich weiß es nicht.

لماذا لا تكتبين؟
li-mâthâ lâ taktubîna?
warum nicht du(w)-schreibst
Warum schreibst du nicht?

لا سأذهب الى المدينة
lâ sa-athhabu ilâ al-madîna.
nicht ZUK-ich-gehe zu die-Stadt
Ich werde nicht in die Stadt gehen.

Sätze ohne Verben kann man mit **mâ** (nicht) verneinen.

ما عندي كتاب
mâ *indî kitâb.
nicht bei-mir Buch
Ich habe kein Buch.

Besser ist jedoch eine andere Verneinungsmöglichkeit, und zwar mit dem Verb **laisa** (nicht sein). **laisa** heißt wörtlich „er ist nicht“ und wird mit den Beugungsendungen für die Vergangenheit gebeugt, aber in der Gegenwart übersetzt!

ليس	**laisa [> las-]**	nicht sein
لستُ	**la**s**tu**	ich bin nicht
لستَ	**lasta**	du (m) bist nicht
لستِ	**lasti**	du (w) bist nicht
ليس	**laisa**	er ist nicht
ليستْ	**laisat**	sie ist nicht
لسنا	**lasnâ**	wir sind nicht
لستم	**lastum**	ihr (m) seid nicht
لستنّ	**lastunna**	ihr (w) seid nicht
ليسوا	**laisû**	sie (m) sind nicht
ليسنَ	**laisunna**	sie (w) sind nicht

Da **laisa** im Arabischen ein Verb ist, gilt wie für **kâna** (war) die Regel, dass die folgende Satzergänzung (z. B. Adjektiv oder Nomen) die Objekt-Endung **-an** erhält (vgl. Kap. „Wem? oder Wen?“). Das gilt allerdings nicht für Konstruktionen mit **ladai** oder ***inda** (bei).

البيت ليس صغيراً
al-bait laisa saghîran.
das-Haus es-ist-nicht klein-OBJ
Das Haus ist nicht klein.

لستُ كبيراً
lastu kabîran.
ich-bin-nicht groß-OBJ
Ich bin nicht groß.

الفندق ليس وسخاً
al-funduq laisa wasichan.
das-Hotel es-ist-nicht dreckig-OBJ
Das Hotel ist nicht dreckig.

الأكل ليس طيّباً
al-akl laisa taiyiban.
das-Essen es-ist-nicht gut-OBJ
Das Essen ist nicht gut.

ليست مريضةً
laisat maridatan.
sie-ist-nicht krank(w)
Sie ist nicht krank.

ليس كتاب عندي
laisa kitâb *indî.
es-ist-nicht Buch bei-mir
Ich habe kein Buch.

ليس لديهِ بيت
laisa ladaihi bait.
es-ist-nicht bei-ihm Haus
Er hat kein Haus.

Mit vorangestelltem **lâ** (nein, nicht) kann man Nomen verneinen. Die verneinten unbestimmten Pronomen „niemals“, niemand“, „nirgends“ und „nichts“ werden auch mit **lâ** (nein, nicht) gebildet.

لا كتاب في السوق
lâ kitâb fîs-sûq.
nicht Buch in-der-Markt
Es gibt kein Buch auf dem Markt.

لا إله إلّا الله
lâ ilâh illâ allâh.
nicht Gott außer Allah
Es gibt keinen Gott außer Allah.

لا أبداً	**lâ abadan** *nicht jemals*	niemals
لا في مكان	**lâ fî makân** *nicht in Ort*	nirgends
لا أحد	**lâ ahad** *nicht jemand*	niemand
لا شيء	**lâ shai’** *nicht Sache*	nichts

ماذا تريد؟
mâthâ turîdu?
was du(m)-willst
Was möchtest du?

لا شيء!
lâ shai’!
nicht Sache
Nichts!

لا أحد كان في البيت
lâ ahad kâna fîl-bait.
nicht jemand war-er in-das-Haus
Niemand war im Haus.

Auffordern

Kennt man die Gegenwartsform eines Verbs, ist es sehr einfach, den Imperativ (Aufforderungsform) zu bilden. Zunächst braucht man die Grundform Gegenwart ohne die Beugungsvor- und -nachsilben. Für das Verb **kataba** (schreiben) z. B. ist dies **-ktub-**. Zur besseren Aussprache wird nun nur noch ein **u** oder ein **i** davorgehängt, und schon hat man die Aufforderungsform.

u- wird immer dann davorgehängt, wenn der Vokal des Stammes auch ein **-u-** enthält, **i-** steht davor, wenn der Stamm ein **-a-** oder ein **-i-** enthält. Aus **-ktub-** bildet man also: **uktub!** (schreibe!)

Es gibt jedoch auch Grundformen Gegenwart (jeweils ohne Beugungssilben!), die ohne einen zusätzlichen Vokal am Wortanfang gut aussprechbar sind. Dazu gehören viele Formen mit mehr als drei Konsonanten, also genau die, die die Gegenwart unregelmäßig bilden. Bei der Bildung des Imperativs sind sie die einfachsten: Die Grundform Gegenwart (ohne die Beugungsvor- und-nachsilben!) ist bereits der Imperativ: Aus **sâ*ada** (helfen = Grundform Vergangenheit) z. B. wird der Stamm der Grundform Gegenwart: **-sâ*id-**. Der Imperativ lautet also: **sâ*id!** (hilf!). Aus **sallaha** (reparieren) wird **-sallih-**, also **sallih!** (repariere!) usw.

Allerdings gibt es auch einige Ausnahmen. Deshalb empfehle ich, auf die im Wörterbuch mitangegebenen unregelmäßigen Imperativformen zu achten. Diese müssen dann leider mitgelernt werden. Hier noch einmal einige wichtige Formen, manche sind regelmäßig, andere aber auch nicht.

Grundform Vergangenheit		Imperativ	
شرب	**sharaba** (er trank)	إشرب!	**ishrab!** (trink!)
أخذ	**'achatha** (er nahm)	خذ!	**chuth!** (nimm!)
أكل	**'akala** (er aß)	كل!	**kul!** (iss!)
فعل	**fa*ala** (er machte)	إفعل!	**if*al!** (mach!)
قال	**qâla** (er sagte)	قل!	**qul!** (sag!)
ذهب	**thahaba** (er ging)	إذهب!	**ithhab!** (geh!)
رأى	**ra'â** (er schaute)	رَ!	**ra!** (schau!)
اشترى	**ishtarâ** (er kaufte)	إشترِ!	**ishtari!** (kauf!)

Die beiden folgenden Aufforderungen werden aus keinem gebräuchlichen Verb abgeleitet:

هاتْ!	**hât!**	gib!, bring!
تعالَ!	**ta*âla**	komm her!

Wird eine Frau zu etwas aufgefordert, wird an die oben gebildete Befehlsform ein **-î** angehängt. Spricht man eine Gruppe Männer an (auch eine gemischte Gruppe aus Männern und Frauen), wird ein **-û** angehängt, für eine Gruppe, die ausschließlich aus Frauen besteht, wird die Endung **-na** angehängt:

إشربي!	**ishrabî!**	trink!
تعالي!	**ta*âlî!**	komm!
إفعلوا!	**if*alû!**	macht!
كلنَ!	**kulna!**	esst!

Zahlen und Zählen

Obwohl die bei uns gebräuchlichen Ziffern arabisch genannt werden, sind im östlichen Teil der arabischen Welt andere Ziffern in Gebrauch. Dort werden sie „indische Ziffern" genannt: **al-arqâm al-hindîya.** In Europa übernahm man die im Mittelalter in Spanien gebräuchlichen Ziffern. Diese uns geläufigen Ziffern werden auch heute noch in den Staaten des Maghreb gebraucht.

Grundzahlen

صفر	٠	**sifr**	0
واحد	١	**wâhid**	1
إثنان	٢	**ithnân**	2
ثلاثة	٣	**thalâtha**	3
أربعة	٤	**arba*a**	4
خمسة	٥	**chamsa**	5
ستّة	٦	**sitta**	6
سبعة	٧	**sab*a**	7
ثمانية	٨	**thamâniya**	8
تسعة	٩	**tis*a**	9
عشرة	١٠	***ashara**	10

Die Zahlen von 11 bis 19 enden auf **-*ashar**.

أحد عشر	11	**ahada*ashar**
إثنا عشر	12	**ithnâ*ashar**
ثلاثة عشر	13	**thalâthata*ashar**
أربعة عشر	14	**arba*ata*ashar**
خمسة عشر	15	**chamsata*ashar**
ستّة عشر	16	**sittata*ashar**
سبعة عشر	17	**sab*ata*ashar**
ثمانية عشر	18	**thamâniyata*ashar**
تسعة عشر	19	**tis*ata*ashar**

Die Zehner (außer der Zahl 10) enden auf **-ûn**:

عشرون	20	***ishrûn**
ثلاثون	30	**thalâthûn**
أربعون	40	**arba*ûn**
خمسون	50	**chamsûn**
ستّون	60	**sittûn**
سبعون	70	**sab*ûn**
ثمانون	80	**thamanûn**
تسعون	90	**tis*ûn**

Die Verbindung der Zehner und Einer erfolgt durch **wa** (und), so dass wie im Deutschen der Einer vor dem Zehner steht. **wâhid wa *ishrûn** heißt wörtlich „eins und zwanzig":

واحد وعشرون	21	**wâhid wa *ishrûn**
إثنان وعشرون	22	**ithnân wa *ishrûn** (usw.)

Die Zahlen von 100 bis 900 enden auf **mi'a** (w). Ausnahme: 200 ist die Zweiform von **mi'a:**

مئة	100	**mi'a**
مئتان	200	**mi'atân**
ثلاث مئة	300	**thalâthumi'a**
أربع مئة	400	**arba*umi'a**
خمس مئة	500	**chamsumi'a**
ستّ مئة	600	**sittumi'a**
سبع مئة	700	**sab*umi'a**
ثماني مئة	800	**thamaniyumi'a**
تسع مئة	900	**tis*umi'a**

Die Tausender enden auf **-âlâf.** 1000 heißt **alf,** und 2000 ist wieder die Zweiform von 1000.

ألف	1000	**alf**
ألفان	2000	**alfân**
ثلاثة آلاف	3000	**thalâthatâlâf**
أربعة آلاف	4000	**arba*atâlâf**
خمسة آلاف	5000	**chamsatâlâf**
ستّة آلاف	6000	**sittatâlâf**
سبعة آلاف	7000	**sab*atâlâf**
ثمانية آلاف	8000	**thamâniyatâlâf**
تسعة آلاف	9000	**tis*atâlâf**

Alle weiteren Zahlen werden durch Zusammensetzen wie im Deutschen gebildet:

إثنا عشر ألف وخمس مئة

ithnâ*ashar alf wa chamsumi'a

zwölf tausend und fünf-hundert

zwölftausendfünfhundert (12.500)

واحد وعشرون ألف وثلاث مئة وسبعة عشر

wâhid wa *ishrûn alf wa thalâthumi'a wa sab*ata*ashar

eins und zwanzig tausend und drei-hundert und siebzehn

21.317

„Million“ heißt auch im Arabischen **milyûn.**

Das, was man zählt, steht hinter dem Zahlwort im Singular. Nur bei den Zahlen 3 bis 10 stehen die Gegenstände (oder die Personen), die man zählt, im Plural.

عندي خمسة عشر بنطلون

***indî chamsata*ashar bantalûn.**

bei-mir fünfzehn Hose(Sg)

Ich habe fünfzehn Hosen.

لكن أنا, عندي ستّة بنطاونات فقط

lâkin anâ, *indî sitta bantalûnât faqat.

aber ich, bei-mir sechs Hosen(Pl) nur

Ich aber habe nur sechs Hosen.

Grundrechenarten	
Addition (+, plus, und)	**wa** (و)
Subtraktion (–, minus, weniger)	**nâqis** (ناقص)
Multiplikation (x, mal)	**fî** (في)
Division (:, geteilt durch)	***alâ** (على)
Ergebnis (=, gleich)	**yusâwî** (يساوي)

12 : 3 = 4

إثنا عشر على ثلاثة يساوي أربعة

ithnâ*ashar *alâ thalâtha yusâwî arba*a

zwölf über drei gleich vier

12 geteilt durch 3 gleich 4

2 x 5 = 10

إثنان في خمسة يساوي عشرة

ithnân fî chamsa yusâwî *ashara

zwei in fünf gleich zehn

2 mal 5 gleich 10

Ordnungszahlen

Die Ordnungszahlen verhalten sich wie Adjektive und müssen bei Bedarf dem weiblichen Nomen angepasst werden. Ausnahme: „die erste“ heißt **al-ûlâ!** Die Ordnungszahlen stehen immer mit dem Artikel **al-** (der, die). Von „11.“ (elfter, elfte) an können die Grundzahlen als Ordnungszahlen benutzt werden.

الأوّل، الأولى	**al-auwal, al-ûlâ**	erste(r)
الثاني، الثانية	**ath-thâni, -ya**	zweite(r)
الثالث، الثالثة	**ath-thâlith, -a**	dritte(r)
الرابع، ة	**ar-râbi*, -a**	vierte(r)
الخامس، ة	**al-châmis, -a**	fünfte(r)
السادس، ة	**as-sâdis, -a**	sechste(r)
السابع، ة	**as-sâbi*, -a**	siebte(r)
الثامن، ة	**at-thâmin, -a**	achte(r)
التاسع، ة	**at-tâsi*, -a**	neunte(r)
العاشر، ة	**al-*âshir, -a**	zehnte(r)

كان الرجل الثالث كبيراً
kâna ar-radjul ath-thâlith kabîran.
war-er der-Mann der-dritte groß-OBJ
Der dritte Mann war groß.

كان الرجل الإثنا عشر كبيراً
kâna ar-radjul al-ithnâ*ashar kabîran.
war-er der-Mann der-zwölf-OBJ
Der zwölfte Mann war groß.

Die Zahlwörter „erstens, zweitens“ usw. werden mit der Ordnungszahl und nachgestelltem **-an** (das ist die Objekt-Endung) gebildet:

أوّلاً	**auwalan**	erstens
ثانياً	**thâniyan**	zweitens
ثالثاً	**thâlithan**	drittens
رابعاً	**râbi*an**	viertens

Bruchzahlen		
نصف	**nisf**	1/2
ثُلث	**thulth**	1/3
رُبع	**rub***	1/4
خُمس	**chums**	1/5

Zeit und Datum

Wichtige Zeitangaben

اليوم	**al-yaum** *der-Tag*	heute
غداً	**ghadan**	morgen
أمس	**amsi**	gestern
الآن	**al-ân**	jetzt
بعد قليل	**ba*da qalîl** *nach wenig*	bald
بعد غد	**ba*da ghad** *nach morgen*	übermorgen
أوّل أمس	**auwal ams** *erster gestern*	vorgestern
بعد ذلك	**ba*da thâlika** *nach jenem*	danach, gleich

وصلتُ أمس

wasaltu amsi.

ankam-ich gestern

Ich kam gestern an.

هاتْ الكتاب الآن

hât al-kitâb al-ân!

gib das-Buch jetzt

Gib das Buch jetzt!

سأسافر غداً

sa-usâfir ghadan.

ZUK-ich-reise morgen

Ich werde morgen abreisen.

Uhrzeit

Auch wenn in arabischen Ländern mit der Zeit etwas großzügiger umgegangen wird als in Mitteleuropa, muss man trotzdem manchmal nach ihr fragen. **kam as-sâ*a?** („wie spät?“) ist der entscheidende Satz.

Seien Sie um eine Antwort nicht verlegen: **as-sâ*a** heißt „die Uhr“ und auch „die Stunde“. Es folgt die Uhrzeit, die mit einer Ordnungszahl (weibliche Form!) bezeichnet wird; „vor“ wird mit **illâ** (weniger) und „nach“ mit **wa** (und) ausgedrückt.

كم الساعة؟
kam as-sâ*a?
wieviel die-Stunde
Wie spät ist es?

الساعة السادسة
as-sâ*a as-sâdisa.
die-Stunde die-sechste
Es ist sechs Uhr.

الساعة الرابعة ونصف
as-sâ*a ar-râbi*a wa nisf.
die-Stunde die-vierte und halb
Es ist halb fünf.

الساعة الثالثة إلّا رُبع
as-sâ*a ath-thâlitha illâ rub*.
die-Stunde die-dritte weniger viertel
Es ist Viertel vor drei.

الساعة الثانية وثُلث
as-sâ*a ath-thâniya wa thulth.
die-Stunde die-zweite und drittel
Es ist zwei Uhr zwanzig.

الساعة الخامسة وعشرة
as-sâ*a al-châmisa wa *ashara.
die-Stunde die-fünfte und zehn
Es ist fünf Uhr zehn.

Wochentage

يوم السبت	**yaum as-sabt**	Samstag *(„Sabbat")*
يوم الأحد	**yaum al-ahad**	Sonntag
يوم الاثنين	**yaum al-ithnain**	Montag
يوم الثلاثاء	**yaum at-thalâthâ'**	Dienstag
يوم الأربعاء	**yaum al-arbi*â'**	Mittwoch
يوم الخميس	**yaum al-chamîs**	Donnerstag
يوم الجمعة	**yaum al-djum*a**	Freitag *(„Tag der Versammlung")*

Monate

In der arabischen Welt gibt es zwei Zeitrechnungen, die christliche und die muslimische, die je nach Staat unterschiedlich wichtig sind. In der moslemischen Zeitrechnung liegt das Mondjahr mit 354 Tagen zugrunde, das in zwölf Monate eingeteilt ist.

Die Monate des moslemischen Kalenders „wandern" daher durch den christlichen Kalender. Der 9. Monat ist der „Fastenmonat", der 12. Monat ist der „Pilgermonat".

محرّم	1.	**muharram**
صفر	2.	**safar**
ربيع الأوّل	3.	**rabî* al-auwal**
ربيع الثاني	4.	**rabî* ath-thâni**
جمادى الأولى	5.	**djumâdâ al-ûlâ**
جمادى الآخرة	6.	**djumâdâ al-âchira**

رجب	7.	**radjab**
شعبان	8.	**sha*bân**
رمضان	9.	**ramadân**
شوّال	10.	**shauwâl**
ذو القعدة	11.	**thû al-qa*da**
ذو الحجّة	12.	**thû al-hidjdja**

Die Monate der christlichen Zeitrechnung tragen in den verschiedenen Ländern unterschiedliche Namen. Im Maghreb und Ägypten sind die lateinischen Namen bekannt, in Syrien, Palästina und dem Irak jene aus der alten syrischen Sprache, die vor dem Arabischen im Nahen Osten gesprochen wurde. In ausschließlich moslemischen Ländern, wie Saudi-Arabien, kennt kaum jemand die Namen christlicher Monate.

Die Namen im Maghreb und in Ägypten

يناير	**yanâyir**	Januar
فبراير	**fabrâyir**	Februar
مارس	**mâris**	März
أبريل	**abrîl**	April
مايو	**mâyû**	Mai
يونيو	**yûnyû**	Juni
يوليو	**yûliyû**	Juli
أغسطس	**aghustus**	August
سبتمبر	**sibtambar**	September
أكتوبر	**uktûbar**	Oktober
نوفمبر	**nûfambar**	November
دسمبر	**disambar**	Dezember

Die Namen in Syrien, Palästina und im Irak

كانون الثاني	**kânûn a<u>th</u>-<u>th</u>ânî**	Januar
شبّاط	**shubbâ<u>t</u>**	Februar
آذار	**â<u>th</u>âr**	März
نيسان	**nîsân**	April
أيّار	**aiyâr**	Mai
حزيران	**<u>h</u>azîrân**	Juni
تمّوز	**tammûz**	Juli
آب	**âb**	August
أيلول	**ailûl**	September
تشرين الأوّل	**tishrîn al-auwal**	Oktober
تشرين الثاني	**tishrîn a<u>th</u>-<u>th</u>ânî**	November
كانون الأوّل	**kânûn al-auwal**	Dezember

Diese Verworrenheit der Namen hat dazu geführt, dass viele Araber z. B. auch nur vom „Monat vier" sprechen und damit „April" meinen.

في شهر أربعة
fî shahr arba*a
in Monat vier
im April

في ثلاثة عشر ستّة
fî <u>th</u>alâ<u>th</u>ata*ashar sitta
in dreizehn sechs
am 13.6.

Maße und Gewichte

Die traditionellen Gewichtseinheiten wurden auch in den arabischen Ländern vom metrischen System verdrängt. Allerdings sind in den einzelnen Ländern nach wie vor ursprüngliche Gewichtseinheiten auf dem Markt gebräuchlich, wie z. B. **mi<u>th</u>qâl,**

raṯl oder **wiqîya.** Informieren Sie sich bei Freunden über die Gepflogenheiten des Marktes, es wird bestimmt interessant und kompliziert werden. Auch bei Währungsangaben sind nicht selten Namen in Gebrauch, die auf keiner Münze oder Schein stehen. So wird im Maghreb oft mit **riyâl** gerechnet, obwohl die Währung offiziell **dinâr** heißt.

كم غرم الوقيّة هنا في دمشق؟
kam ghram al-wiqîya hunâ fî Dimashq?
wieviel Gramm die-Wiqiya hier in Damaskus
Wie viel Gramm ist die Wiqiya hier in Damaskus?

من هنا إلى مكّة تقريباً مئتان كيلومتر
min hunâ ilâ Makka taqrîban mi'atân kîlûmitr.
von hier nach Mekka ungefähr zweihundert Kilometer
Von hier nach Mekka sind es ungefähr zweihundert Kilometer.

غرم، ات	**ghram, -ât**	Gramm
كيلوغرم، ات	**kîlûghram, -ât**	Kilogramm
متر، أمتار	**mitr, amtâr**	Meter
كيلومتر، ات	**kîlûmitr, -ât**	Kilometer
لتر، ات	**litr, -ât**	Liter

Geläufige arabische Währungen sind:

دينار، دنانير	**dînâr, danânîr**	Dinar (lat. „Denarius“)
درهم، دراهم	**dirham, darâhim**	Dirham (gr. „Drachme“)
فلس، فلوس	**fils, fulûs**	Fils (arab.)
قرش، قروش	**qirsh, qurûsh**	Piaster (dt. „Groschen“)
ريال، ريالات	**riyâl, riyâlât**	Riyal (span. „Real“)

Arabisch sprechen

Wörter, die weiterhelfen ... 96
Nichts verstanden? ... 98
Kurz-Knigge ... 100
Begrüßen und Verabschieden ... 104
Namen und Anrede ... 109
Bitten, Danken, Wünschen ... 112
Das erste Gespräch ... 113
Floskeln und Redewendungen ... 120
Unterwegs ... 122
Toilette ... 130
Übernachten ... 131
Essen und Trinken ... 134
Zu Gast sein ... 138
Die Religion ... 141
Einkaufen und Handeln ... 144
Fotografieren ... 147
Kommunikation ... 148
Bank, Post, Behörden ... 149
Krank sein ... 152
Schimpfen und Fluchen ... 154
Dringende Hilferufe ... 155

Sprichwörtlich sind die wunderbar fantasievollen Gruß- und Abschiedsfloskeln im Arabischen (Seite 104), die es in unzähligen Varianten gibt, oft auch mit religiösem Bezug, und die essenzieller Bestandteil eines jeden Gespräches sind. Im arabischen Selbstverständnis ist Höflichkeit von zentraler Bedeutung. So fällt man nicht gern „mit der Tür ins Haus", sondern sagt lieber „durch die Blume", was man denkt. Besonders ausgeprägt ist diese Eigenschaft auf den Märkten, wo es einfach zum guten Ton gehört, das Spielchen mitzuspielen und ein wenig um den Preis zu feilschen. Mehr dazu auf Seite 144.

Wörter, die weiterhelfen

Folgende Phrasen sind einfach zu benutzen und vielseitig anzuwenden. Wonach man fragen will, kann man sich aus den Wörterlisten am Ende des Buches heraussuchen.

يوجد ...؟
yûdjad ...?
Gibt es ...?

يوجد باص؟
yûdjad bâs̱?
Gibt es einen Bus?

?

يوجد أكل؟
yûdjad akl?
Gibt es Essen?

mögliche Antworten

نعم، يوجد!
na*am, yûdjad!
ja, es-gibt
Ja, es gibt!

لا، لا يوجد!
lâ, lâ yûdjad!
nein, nicht es-gibt
Nein, gibt es nicht!

أين ...؟
aina ...?
Wo ist ...?

أين الفندق؟
aina al-funduq?
wo das-Hotel
Wo ist das Hotel?

طبيب	**tabîb**	Arzt
محطّة	**mahatta**	Bahnhof
سفارة	**sifâra**	Botschaft
مطار	**matâr**	Flughafen
مستشفى	**mustashfâ**	Hospital
شرطة	**shurta**	Polizei
بريد	**barîd**	Post
هاتف	**hâtif**	Telefon
هاتف محمول	**hâtif mahmûl**	Mobiltelefon

ما ...؟
mâ ...?
Was ...?

ما هذا؟
mâ hâthâ?
was dieses
Was ist das?

أُريد ...
urîdu ...
Ich möchte/will ...

أُريد شاي
urîdu shâi.
ich-will Tee
Ich möchte Tee.

أُريد غرفة
urîdu ghurfa.
ich-will Zimmer
Ich möchte ein Zimmer.

Nichts verstanden?

ممكن تتكلّم بهدوء؟
mumkin tatakallamu bi-hudû'?
möglich du(m)-sprichst langsam
Können Sie langsam sprechen?

أتكلّم العربيّة قليلاً
atakallamu al-*arabîya qalîlan.
ich-spreche Arabisch wenig-OBJ
Ich spreche nur wenig Arabisch.

عفواً، أنا ما فهمتُ (كلّ) شيء
***afwan, anâ mâ fahimtu (kull) shai'.**
Entschuldigung, ich nicht verstand-ich (alle) Sache
Entschuldigung, ich habe nichts (nicht alles) verstanden.

Wenn man nach einem bestimmten Wort fragen will, sagt man:

ماذا يعني ... بالعربية؟
mâthâ ya*nî ... bil-*arabîya?
was er-heißt ... mit-das-Arabisch
Was heißt ... auf Arabisch?

ما معني ...؟
mâ ma*nâ ...?
was Bedeutung ...
Was heißt ...?

Sicherlich werden Sie gelegentlich im heimischen Dialekt, der ***âmmîya** (das „Gewöhnliche"), des Reiselandes angeredet werden. Fordern Sie Ihren Gesprächspartner dann auf, die Sprachebene zu wechseln und Hochsprache **(fus'hâ)** mit Ihnen zu reden.

Schnell wird er die Sprache wechseln oder doch zumindest einen „Übersetzer“ herbeiholen.

ممكن تتكلّم بالفصحى؟
mumkin tatakallamu bil-fus'hâ?
möglich du(m)-sprichst mit-die-Hochsprache
Kannst du in der Hochsprache sprechen?

عفواً، لكن أنا لا أتكلّم العامّية
***afwan, lâkin anâ lâ atakallamu al-*âmmîya.**
Entschuldigung, aber ich nicht ich-spreche der-Dialekt
Entschuldigung, aber ich spreche keinen Dialekt.

أنا درستُ الفصحى (قليلاً) في ألمانيا
anâ darastu al-fus'hâ (qalîlan) fî Almâniyâ.
ich studierte-ich die-Hochsprache (wenig) in Deutschland
Ich habe in Deutschland (ein wenig) die Hochsprache gelernt.

Stehen Sie vor einem Schild in arabischer Schrift, einer Adresse oder der Umschriftliste im Kapitel „Aussprache und Umschrift“ auf Seite 14, können Sie fragen:

ممكن تقرأه لي؟
mumkin taqra'uhu lî?
möglich du(m)-liest-es für-mich
Können Sie mir das vorlesen?

أذا ممكن مرّة ثانية!
itha mumkin, marra thânîya!
wenn möglich, Mal zweites
Wenn es geht, noch einmal!

Und wenn alles nichts hilft, müssen Sie vielleicht fragen:

يوجد أحد هنا يتكلّم إنكليزي / فرانسي؟
yûdjad ahad hunâ, yatakallamu inglîzî / farânsî?
es-gibt jemand hier, er-spricht Englisch / Französisch
Gibt es hier jemanden, der Englisch / Französisch spricht?

ممكن تُترجم لي؟
mumkin tutardjimu lî?
möglich du(m)-übersetzt für-mich
Können Sie mir übersetzen?

Kurz-Knigge

Der arabische Sprachraum reicht vom atlantischen bis zum indischen Ozean, ein Gebiet, in dem sich viele unterschiedliche Traditionen und Kulturen entdecken lassen. Eine einheitliche „arabische Kultur“ gibt es nicht! Nicht einmal der Islam kann diese Kultur vereinheitlichen, die die Presse oft als monolithisch präsentieren und manchmal auch als Bedrohung darstellt.

In den einzelnen Ländern wird die **Religion** mit anderen Riten und unterschiedlichen Vorstellungen praktiziert. Für den Unterschied zwischen den Lebensverhältnissen in Beirut und einem Beduinenstamm der Sahara beispielsweise gibt es im deutschen Sprachraum keinen Vergleich. Deshalb ist es auch schwierig, für alle diese Kulturen einheitliche Ratschläge für ein angemessenes Verhalten zu geben.

Kleidung

An einer fremden Kultur erkennt man zuallererst reine Äußerlichkeiten. Äußerlich ist vor allem die **Kleidung.** Dürftige Kleidung mag uns dem Klima angemessen erscheinen, erweckt bei

Arabern aber eher den Eindruck der Lächerlichkeit. Natürlich kommt es immer auf die Umgebung an, doch man macht nichts falsch, wenn man als Mann kurze Hosen und ärmellose T-Shirts vermeidet, als Frau einen Rock bis über die Knie oder Hosen trägt und Schultern und Dekolleté bedeckt hält. Ein BH ist stets empfehlenswert! In ländlichen Gegenden können noch strengere Ansprüche gestellt werden, vor allem an die Kleidung von Frauen. Dann ist eine langärmelige Bluse angemessen.

Ramadan

Der Islam kennt einige Regeln, die in den einzelnen Ländern unterschiedlich streng beachtet werden. Dazu gehört z. B. der Fastenmonat **Ramadan.** Moslems essen, trinken und rauchen nicht von Sonnenauf- bis Sonnenuntergang. In einigen Ländern ist dies ein Gesetz, das auch von Nicht-Moslems beachtet werden muss. Wo dies kein Gesetz, aber Sitte ist, wird zumindest die Respektierung dieses Gebots erwartet und davon ausgegangen, dass es in der Öffentlichkeit eingehalten wird.

Alkohol

Das Gleiche gilt für den **Alkoholkonsum.** Selbst dort, wo Alkohol mittlerweile in weiten Kreisen getrunken wird, wird Maß gehalten und Trunkenheit im Allgemeinen vermieden.

Linke Hand

Wissen sollte man auch, dass die **linke Hand** als **unrein** gilt, da man sich mit ihr wäscht! Die linke Hand ist also beim Essen und Händeschütteln tabu. Diese Regel zu missachten, wäre stark beleidigend!

Gesten

Erschrecken sollte man nicht, wenn man als Antwort auf eine Frage ein empört wirkenden Zungenschnalzen erntet, zu dem der Kopf hochgezogen wird. Das ist keine unhöfliche oder gar verächtliche Geste, sondern heißt einfach „Nein!“ Selbst die Mimik und Gestik weicht in den arabischen Ländern von unseren Gebräuchen ab. Die folgenden Zeichnungen sollen eine Einführung in die Zeichensprache geben:

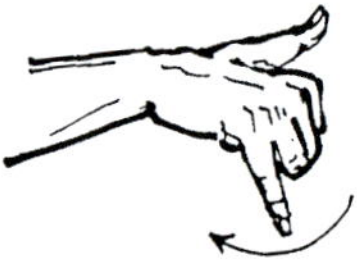

nisf (Hälfte; halb)

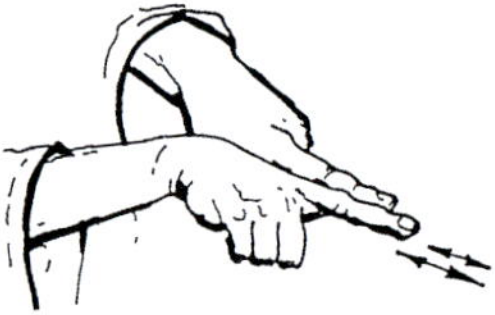

sadâqa (Freundschaft)

ta*âla (m) **/ ta*âli** (w) (Komm!)

***alâ mahl** (langsam)

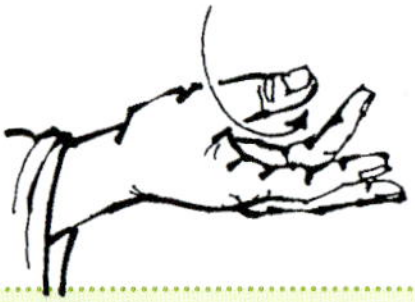

mâthâ? (Was ist?)

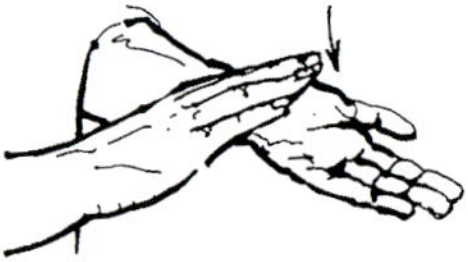

shahâda / djawâz (Bescheinigung; Pass)

Als Frau alleine

Als Frau alleine durch arabische Länder zu reisen, ist zwar nicht unmöglich, aber schwerer als für Männer. Dass eine Frau allein unterwegs ist, wird kaum verstanden, gelegentlich sogar als „Einladung“ missdeutet. Die Klischeevorstellungen hinsichtlich der Geschlechter zwischen der europäischen und der arabischen Kultur leiden seit jeher unter wechselseitigen Projektionen. Dazu gehört beispielsweise, dass europäische Frauen in den Augen der Araber gerne auf sexuelle Angebote eingehen.

Versuchen Sie als Frau von Anfang an, diesen Eindruck gar nicht erst aufkommen zu lassen! Treten Sie selbstbewusst und distanziert auf, auch wenn Sie gelegentlich die gewohnte Freiheit aufgeben müssen. Die Tradition gebietet es, Frauen zu schätzen und zu ehren. Sollte es an Respekt einer europäischen Frau gegenüber mangeln, können folgende Wendungen vielleicht helfen, dass sich die arabischen Männer auf ihre Normen besinnen.

لو سمحتَ، أتركني!

lau samahta, utruknî!

falls du(m)-erlaubst, lass-mich

Erlauben Sie, lassen Sie mich in Ruhe!

إستحِ!	**istihi!**	Schäm dich!
عيب!	***aib!**	Schande!
روح!	**rûh!**	Hau ab!

Begrüßen und Verabschieden

Die arabische Sprache ist unendlich reich an Begrüßungsformeln. Viele davon sind an bestimmte Situationen oder auch Personengruppen gerichtet. Ein Moslem grüßt einen Moslem anders, als ein Christ seinen Glaubensgenossen grüßt. Hier können nicht mehr als die allgemeinen Grüße des Hocharabischen vorgestellt werden. Fragen Sie in der Region, die Sie bereisen, nach, wie der übliche Gruß lautet, und Sie werden warmherzig aufgenommen. werden.

Jeder Gruß erfordert einen feststehenden Gegengruß als Antwort. Werden Sie – was leicht passieren kann – mit einem Gruß angesprochen, den Sie nicht kennen, erwidern Sie am besten **shukran!** (danke!), und fragen Sie interessiert nach, was man darauf im Allgemeinen antwortet. Ihr Interesse wird mit freundlicher Auskunft belohnt werden.

Im Hocharabischen gibt es jeweils für die Morgenstunden (bis etwa zwölf Uhr mittags) und für die Nachmittags- und Abendstunden einen Gruß.

Morgens lauten Gruß und Gegengruß:

صباح الخير
s̲abâh̲ al-chair.
Morgen der-Güte
Einen guten Morgen!

Antwort

صباح النور
s̲abâh̲ an-nûr.
Morgen des-Lichtes
Einen schönen Morgen!

Nachmittags und abends lauten Gruß und Antwort:

!

مساء الخير
masâ' al-chair.
Abend der-Güte
Einen guten Tag!

Antwort
مساء النور
masâ' an-nûr.
Abend des-Lichts
Einen schönen Abend!

In der Regel beginnt nun eine lange Zeremonie, in der man sich nach der **h̲âl,** der „Lage", erkundigt. Dabei geht es um die persönliche Verfassung, die Stimmung und die Neuigkeiten auch der Familie. Dies ist eine unerlässliche Einleitung des Gespräches. Gute Freunde des gleichen Geschlechtes begrüßen sich mit Umarmungen und angedeuteten Wangenküssen.

Unter guten Bekannten ist es üblich geworden, sich die Hände zu schütteln. Aber man benutze stets die rechte Hand, die linke gilt als „unrein"!

?

Zu einem Mann:
كيف حالكَ؟
kaifa h̲âluka?
wie Lage-deine(m)
Wie geht's dir?

Antwort eines Manns:
جيّد، الحمد لله
djaiyid, al-h̲amdulillâh!
gut(m), der-Dank-Gottes
Gut! Gott sei Dank!

?

Zu einer Frau:
كيف حالكِ؟
kaifa h̲âluki?
wie Lage-deine(w)
Wie geht's dir?

Antwort einer Frau:
جيّدة، الحمد لله
djaiyida, al-h̲amdulillâh!
gut(w), der-Dank-Gottes
Gut! Gott sei Dank!

بخير الحمد لله
bi-chair, al-hamdulillah.
mit-Güte, der-Dank-Gottes
Gut! Gott sei Dank!

... oder einfach nur: **al-hamdulillâh!**

Der „Dank Gottes“ ist wichtig und wird oft vom Fragenden nochmals wiederholt, nachdem er eine gute Antwort gehört hat. Selbst wenn man „kleine Probleme“ hat, antwortet man mit „gut“. Nur wenn es einem wirklich sehr schlecht geht, sagt man:

نحمد ألله
nahmadu allâh!
wir-danken Gott
Es geht!

هو يُحتمل
huwa yuhtamal!
er er-wird-ausgehalten
Es ist auszuhalten! (deutlicher)

Der Fragende wird sich dann sofort nach dem Grund der Verstimmung erkundigen.

يوجد شيء؟
yûdjad shai'?
gibt-es Sache
Gibt es etwas?

ما شأنكَ؟
mâ sha'nuka?
was Angelegenheit-dein(m)
Was ist los mit dir? (Mann)

ما شأنكِ؟
mâ sha'nuki?
was Angelegenheit-dein(w)
Was ist los mit dir? (Frau)

أنتَ مبسوط؟
anta mabsûṯ?
du(m) zufrieden
Bist du zufrieden? (Mann)

أنتِ مبسوطة؟
anti mabsûṯa?
du(w) zufrieden(w)
Bist du zufrieden? (Frau)

Betritt man eine Wohnung oder ein Geschäft, so hört man diese Wendung oft mehrmals hintereinander:

Zu einem Mann:

أهلاً وسهلاً بكَ
ahlan wa sahlan bika!
herzlich willkommen mit-dir(m)
Fühl dich herzlich willkommen!

Zu einer Frau:

أهلاً وسهلاً بكِ
ahlan wa sahlan biki!
herzlich willkommen mit-dir(w)
Fühl dich herzlich willkommen!

Zu mehreren Personen:

أهلاً وسهلاً بكم
ahlan wa sahlan bikum!
herzlich willkommen mit-euch(Pl)
Fühlt euch herzlich willkommen!

Antwort:

أهلاً بكم
ahlan bikum.
(etwa:) Ich fühle mich willkommen.

Es gibt noch einen kürzeren Willkommensgruß, der in vielen Gegenden zur allgemeinen Begrüßung geworden ist:

!

مرحباً!
marhaban!
willkommen
Willkommen!

Antwort:
مرحبتان
marhabtân.
willkommen-zwei
Ich fühle mich willkommen.

Ein unter Moslems üblicher Gruß:

!

السلام عليكم
as-salâm *alaikum!
der-Segen über-euch
Segen sei mit dir/euch!

Antwort:
وعليكم السلام
wa *alaikum as-salâm!
und über-euch der Segen
Und über dir/euch der Segen.

Zur Verabschiedung sagt man:

مع السلامة
ma*a as-salâma!
mit der-Segen
Mit Wohlergehen!

إلى اللقاء
ilâ al-liqâ'!
zu das-Wiedersehen
Auf Wiedersehen!

Namen und Anrede

In fast allen arabischen Ländern wurde im Rahmen der Kolonialisierung das europäische Namenssystem eingeführt. Das heißt, dass heute jeder in seinen Papieren einen Vornamen **(ism)** und einen Familiennamen **(ism al-*â'ila** oder: **kuniya)** stehen hat. In Ländern, die vom Kolonialismus verschont blieben, wie z. B. Saudi-Arabien, hat sich das arabische Namenssystem erhalten: Jemand wird mit seinem Vornamen angeredet, es folgt die Angabe „Sohn **(ibn)** des XY", der wiederum „Sohn des YZ" ist usw. So heißt der König von Saudi-Arabien **Salmân ibn *Abd-al-Azîz ibn *Abd ar-Rahmân Âl Sa*ûd.** Im Alltagsleben spielt jedoch nur der Vorname eine Rolle. Diese beginnen häufig mit ***Abd** (Diener, Knecht), danach folgt eine Bezeichnung Gottes, z. B.:

عبدالله	***Abdallâh (*Abd-Allâh)**	Diener Gottes
عبدالرحمان	***Abd-ar-Rahmân**	Diener des Barmherzigen
عبدالعزيز	***Abd-al-*Azîz**	Diener des Kostbaren

Die häufigsten Namen leiten sich von den drei Konsonanten **h-m-d** ab, die für die Wortfamilie „preisen, ehren" stehen: **Ahmad, Mahmûd.** Grund: Auch der Prophet trug einen Namen aus dieser Wortfamilie, nämlich **Muhammad,** der Gepriesene.

Für Frauen werden häufig Namen aus der Umgebung des Propheten gewählt, z. B. der Name der Lieblingstochter: **Fâtima.**

Anrede

Wo man im Deutschen „mein Herr" oder „meine Dame" oder einfach „Hallo" sagt, werden im Arabischen Anreden benutzt, die sich genauer auf die Person, seine Stellung oder seinen Beruf beziehen. Die richtige Anrede zu benutzen, ist natürlich Teil der Höflichkeit. Vor der Anrede steht der Ausruf **yâ ...!** (etwa „o ...!“).

Jeder junge Mann kann (auch von einer Frau) folgendermaßen angeredet werden:

يا أخي	**yâ achî** *o Bruder-mein*	o mein Bruder

Freundschaftlich, auch ironisch, hört man auch (aber nur von Männern an Männer):

يا حبيبي	**yâ habîbî** *o Lieber-mein*	o mein Lieber
يا عزيزي	**yâ *azîzî** *o Lieber-mein*	o mein Lieber

Wenn der/die Angesprochene älter als man selber ist, empfiehlt sich diese Anrede:

يا سيّدي	**yâ saiyidî** *o Herr-mein*	o mein Herr

Entsprechend gilt für Frauen die Anrede:

يا أختي	**yâ uchtî** *o Schwester-meine*	o meine Schwester
يا سيّدتي	**yâ saiyidatî** *o Frau-mein*	o meine Dame

Weitere übliche Anreden sind:

يا حاجّي	**yâ hâdjdjî** *(o Pilger-mein)*	für alte, ehrwürdige Männer
يا حاجّة	**yâ hâdjdja** *(o Pilgerin)*	für alte, ehrwürdige Frauen
يا أستاذ	**yâ ustâth** *(o Professor)*	für ehrwürdige, europäisch gekleidete Männer

يا معلّم	**yâ mu*allim** *(o Meister)*	für Handwerker
يا گرسون	**yâ garsûn** *(o Garçon (franz.))*	für einen Ober im Restaurant
يا جماعة	**yâ djamâ*a** *(o Leute)*	für eine Gruppe von Personen

Im Arabischen ist für das Alltagsleben nur der Vorname von Bedeutung. Natürlich werden Personen auch mit ihrem Vornamen angeredet, z. B. **ya Ahmad.** Im Allgemeinen wird auch jeder mit „du" angeredet. Nur wichtige Respektspersonen wie Professoren oder hohe Beamte werden mit ihrem Nachnamen und ihrem Titel, dann meist mit **hadaratukum** (wörtlich: „ihre (Pl) Anwesenheit") angeredet. Dann wählt man bei Anreden auch die Beugungsform der 2. Person Plural „ihr".

Hat jemand einen Sohn, wird er oder sie aus Höflichkeit immer „Vater des ..." oder „Mutter des ..." genannt, also z. B. **Abû Hassan, Umm Hassan.** Hier wird immer der Name des ältesten Sohnes, selten der einer Tochter eingesetzt.

Manchmal hört man auch, dass jemand von sich in der „wir"-Form redet. Das ist keine Überheblichkeit, sondern eine alte Form der Bescheidenheit.

يا حضرتكم الأستاذ لبيب، كيف حالكم؟
yâ hadaratkum al-ustâth Labîb, kaifa halukum?
o Anwesenheit-Eure der-Professor Labîb, wie Lage-Eure(Pl)
Herr Professor Labîb, wie geht es Ihnen?

نحن كنّا سنة في الجامعة
nahnu kunnâ sana fîl-djamî*a.
wir waren-wir Jahr in-die-Universität
Ich war ein Jahr an der Universität.

Bitten, Danken, Wünschen

Für „Bitte!“ als Aufforderung („Bitte, tun Sie …!“) sagt man:

من فضلكَ
min fadluka!
von Freundlichkeit-dein(m)
Bitte!

من فضلكِ
min fadluki!
von Freundlichkeit-dein(w)
Bitte!

هات الشنطة من فضلكَ
hât ash-shanta min fadluka!
gib die Tasche von Freundlichkeit-dein(m)
Geben Sie mir bitte die Tasche!

ثلاثة شاي من فضلكَ
thalâtha shâi min fadluka!
drei Tee von Freundlichkeit-dein(m)
Drei Tee, bitte!

Für „Bitte!“ als Gewährung („bitte, nehmen Sie …“) sagt man:

Zu einem Mann:
تفضّل
tafaddal!
bitte(m)
Bitte!

Zu einer Frau:
تفضّلي
tafaddalî!
bitte(w)
Bitte!

Zu mehreren:
تفضّلوا
tafaddalû!
bitte(Pl)
Bitte!

نفضّلوا الشاي!
tafaddalû ash-shâi!
bitte(Pl) der-Tee
Bitte, der Tee!

Wollen Sie, dass jemand Ihnen einen Gefallen tut, etwas gibt, den Weg erklärt oder Platz machen soll usw., sagen Sie am besten:

لو سمحتَ / لو سمحتِ / سمحتم
lau samahta / samahti / samahtum ...
würden erlauben-du(m/w/Pl) ...
Wenn Sie erlauben ...

„Danke!“ noch höflicher ausgedrückt:

شكراً جزيلاً!
shukran djazîlan!
Danke reichlich
Vielen Dank!

ألف شكر!
alf shukr!
tausend Dank
Tausend Dank!

Die Antwort auf **shukran** (danke) lautet ***afwan** (bitte), was wörtlich eigentlich „Entschuldigung“ heißt.

شكراً للشاي!
shukran lish-shâi!
danke für-der-Tee
Danke für den Tee!

عفواً!
***afwan!**
Entschuldigung
Bitte!

Das erste Gespräch

Ein erstes Gespräch könnten Sie zum Beispiel vor einem der berühmtesten Museen der arabischen Welt, dem Ägyptischen Museum in Kairo, vor dem Jordan Museum in Amman oder dem Bardo Nationalmuseum in Tunis führen. Enthalten sind darin die üblichen Begrüßungen, Antworten und Floskeln. Ein Tee- oder Kaffeehaus ist nie weit!

Einheimischer (zu einem Mann):

الحمد لله، تفضّل، إشرب شاي معي!

al-hamdulillâh, tafaddal, ishrab shâi ma*î!

der-Dank-Gottes, bitte(m), trink(m) Tee mit-mir

Gott sei Dank, bitte, trink doch einen Tee mit mir!

Einheimischer (zu einer Frau):

الحمد لله، تفضّلي، إشربي شاي معي!

al-hamdulillâh, tafaddlî, ishrabî shâi ma*î!

der-Dank-Gottes, bitte(w), trink(w) Tee mit-mir

Gott sei Dank, bitte, trink doch einen Tee mit mir!

Antwort als Mann:

شكراً، لماذا لا؟ أنا فاضي

shukran, limâthâ lâ? anâ fâdiy.

danke, warum nicht? ich bin frei(m)

Danke, warum nicht, ich habe nichts vor.

Antwort als Frau:

شكراً، لماذا لا؟ أنا فاضية

shukran, limâthâ lâ? anâ fâdiya.

danke, warum nicht? ich bin frei(w)

Danke, warum nicht, ich habe nichts vor.

من أين أنتَ / أنتِ؟

min-aina anta / anti?

von-wo du(m/w)

Woher bist du?

أنا من ألمانيا

anâ min Almâniyâ.

ich von Deutschland

Ich bin aus Deutschland.

أنا ألماني
anâ almânî.
ich Deutscher
Ich bin Deutscher.

أنا ألمانية
anâ almânîya.
ich Deutsche
Ich bin Deutsche.

ألمانيا	**Almâniyâ**	Deutschland
ألماني	**almânî** (m)	Deutscher
ألمانية	**almânîya** (w)	Deutsche
ألمان	**almân** (Pl)	Deutsche
نمسا	**Nimsâ**	Österreich
نمساوي	**nimsâwî** (m)	Österreicher
نمساوية	**nimsâwîya** (w)	Österreicherin
نمساويون	**nimsâwîyûn** (Pl)	Österreicher
سويسرا	**Swîsrâ**	Schweiz
سويسري	**swîsrî** (m)	Schweizer
سويسرية	**swîsrîya** (w)	Schweizerin
سويسريون	**swîsrîyûn** (Pl)	Schweizer

أنتَ سائح؟
anta sâ'ih?
du(m) Tourist
Bist du Tourist? (Mann)

أنتِ سائحة؟
anti sâ'iha?
du(w) Touristin
Bist du Touristin? (Frau)

نعم، أنا سائح / سائحة
na*am, anâ sâ'ih / sâ'iha.
ja, ich Tourist / Touristin
Ja, ich bin Tourist/in.

ماذا تشتغل / تشتغلين؟

mâthâ tashtaghilu / tashtaghilîna?

was du(m/w)-arbeitest

Welchen Beruf hast du?

أنا ...

anâ ...

ich ...

Ich bin ...

نحن ...

nah̲nu ...

wir ...

Wir sind ...

عامل	***âmil** (m)	Arbeiter
عاملة	***âmila** (w)	Arbeiterin
عمّال	***ummâl** (Pl)	Arbeiter
طبيب	**t̲abîb** (m)	Arzt
طبيبة	**t̲abîba** (w)	Ärztin
أطبّاء	**at̲ibbâ'** (Pl)	Ärzte
موظّف	**muwaz̲z̲af** (m)	Beamter, Angestellter
موظّفة	**muwaz̲z̲afa** (w)	Beamte, Angestellte
موظّفون	**muwaz̲z̲afûn** (Pl)	Beamte, Angestellte
خبير	**chabîr** (m)	Experte
خبيرة	**chabîra** (w)	Expertin
خبراء	**chubarâ'** (Pl)	Experten
حرفي	**h̲irafî** (m)	Handwerker
حرفية	**h̲irafîya** (w)	Handwerkerin
حرفيون	**h̲irafîyûn** (Pl)	Handwerker
صحفي	**suh̲ufî** (m)	Journalist
صحفية	**suh̲ufîya** (w)	Journalistin
صحفيون	**suh̲ufîyûn** (Pl)	Journalisten

طالب	**tâlib** (m)	Student
طالبة	**tâliba** (w)	Studentin
طلاب	**tullâb** (Pl)	Studenten
مهندس	**muhandis** (m)	Techniker
مهندسة	**muhandisa** (w)	Technikerin
مهندسون	**muhandisûn** (Pl)	Techniker
سائح	**sâ'ih** (m)	Tourist
سائحة	**sâ'iha** (w)	Touristin
سواح	**suwâh** (Pl)	Touristen

أحببتَ / أحببتِ الأثار في المتحف؟
ahbabta / ahbabti al-athâr fîl-mathaf?
mochtest-du(m/w) die-Altertümer(Pl) in-das-Museum
Haben dir die Altertümer im Museum gefallen?

نعم، أحببتُها جدّاً
na*am, ahbabtuhâ djiddan.
ja, mochte-ich-sie viel-OBJ
Ja, sie haben mir sehr gefallen.

رأيتَ / رأيتِ رأس الملك الصغير المشهور؟
ra'aita / ra'aiti ra's al-malik as-saghîr al-mash'hûr?
sahst-du(m/w) Kopf der-König der-kleine der-berühmte
Hast du den berühmten kleinen Königskopf gesehen?

نعم، هو كان أجمل شيء في المتحف
na*am, huwa kâna adjmal shai' fîl-mathaf.
ja, er war schöner Sache in-das-Museum
Ja, er war das schönste im Museum.

لكن للأسف، ما عندي وقت كثير
lâkin lil-asaf, mâ *indî waqt kathîr.
aber zu-das-Bedauern, nicht bei-mir Zeit viel
Aber leider habe ich nicht viel Zeit.

مثلما تريد / تريدين
mithlamâ turîdu / turîdîna.
wie du-willst(m/w)
Ganz wie du willst.

إلى اللقاء
ilâ al-liqâ'!
zu das-Wiedersehen
Auf Wiedersehen!

مع السلامة
ma*a as-salâma!
mit der-Segen
Auf Wiedersehen!

Sicherlich werden Sie auch nach Ihrem Namen und Ihrem Familienstand gefragt werden. Das ist allgemein üblich und Teil der Höflichkeit.

ما إسمكَ / إسمكِ؟
mâ ismuka / ismuki?
was Name-dein(m/w)
Wie heißt du?

إسمي...
ismî ...
Name-mein ...
Ich heiße ...

ما عمركَ / عمركِ؟
mâ *umruka /
***umruki?**
was Alter-dein(m/w)
Wie alt bist du?

عمري ... سنة
***umrî ... sana.**
Alter-mein ... Jahr
Ich bin ... Jahre alt.

Die Zahlen stehen im Kapitel „Zahlen und Zählen“ auf Seite 83.

هل أنتَ / أنتِ متزوّج / متزوّجة؟
hal anta / anti mutazauwidj / -a?
FRA du(m/w) verheiratet(m/w)
Bist du verheiratet?

معم، أنا متزوّج / متزوّجة
na*am, anâ mutazauwidj / -a.
ja, ich verheiratet(m/w)
Ja, ich bin verheiratet.

أين زوجتكَ / زوجكِ؟
aina zaudjatuka / zaudjuki?
wo Frau-dein(m) / Mann-dein(w)
Wo ist deine Frau / dein Mann?

هي / هو في بيتنا
hiya / huwa fî baitunâ.
sie / er in Haus-unser
Sie / Er ist zu Hause.

عندي ولد
***indî walad.**
bei-mir Sohn
Ich habe einen Sohn.

عندكَ / عندكِ أولاد؟
***indaka / *indaki aulâd?**
bei-dir(m/w) Kinder
Hast du Kinder?

لديكَ / لديكِ صورة؟
ladaika / ladaiki ṣûra?
bei-dir(m/w) Foto
Hast du ein Foto?

نعم، لكن هي في الفندق
na*am, lâkin hiya fîl-funduq.
ja, aber sie in-das-Hotel
Ja, aber es ist im Hotel.

أعجبتكَ / اعجبتكِ البلاد؟

a*djabatka /a*djabatki al-bilâd?

es-gefällt-dir(m/w) das-Land

Gefällt es dir im Land?

نعم، جدّاً

na*am, djiddan!

ja, sehr

Ja, sehr!

Sich bekannt machen

أريد أن أتعرّف بكَ / بكِ

urîdu an ata*arrafu bika / biki.

ich-möchte dass ich-kennenlernen mit-dir(m/w)

Ich möchte dich kennenlernen.

ممكن أقدّم لكم السيّد / السيّدة...؟

mumkin uqaddimu lakum as-saiyid / as-saiyida ...?

möglich ich-vorstelle für-Euch der Herr / die Frau ...

Kann ich Ihnen Herrn / Frau ... vorstellen?

Floskeln und Redewendungen

Die häufigsten Wendungen lassen sich meistens nicht wörtlich in eine andere Sprache übertragen – hier ist eine kleine Sammlung der wichtigsten Floskeln für verschiedene Situationen.

Sich entschuldigen

عفواً
***afwan!**
Entschuldigung
Entschuldigung!

أنا آسف / آسفة
anâ âsif / âsifa.
ich bedauernd(m/w)
Das tut mir Leid.

للاسف
lil-asaf!
für-das-Bedauern
Leider!

لا تؤاخذني
lâ tu'âchithnî.
nicht du(m)-übelnehmen-mir
Seien Sie mir nicht böse.

مبروك!
mabrûk!
(sei) gesegnet
Glückwunsch!

Zustimmen und Ablehnen

معكَ / معكِ الحقّ
ma*aka / ma*aki al-haqq!
mit-dir(m/w) das-Recht
Du hast Recht!

أنا موافق / موافقة
anâ muwâfiq / muwâfiqa!
ich zustimmend(m/w)
Ich bin einverstanden!

أنا معكَ / معكِ
anâ ma*ak / ma*aki!
ich mit-dir(m) / mit-dir(w)
Ich bin deiner Meinung!

أنا من رأي أن...
anâ min ra'î an ...
ich von Meinung dass ...
Ich bin der Meinung, dass ...

Wenn man ablehnen will, braucht man diese Sätze einfach nur mit **lastu** („ich bin nicht“) verneinen. In diesem Fall muss aber die Objekt-Endung **-an** beachtet werden! Siehe auch Kapitel „Wem? oder Wen?“ auf Seite 64.

Überrascht sein

أنا مرعوب / مرعوبة
anâ mar*ûb / mar*ûba.
ich erschrocken(m/w)
Ich bin erschrocken (überrascht).

هذا عجيب
hâthâ *adjîb.
dieses merkwürdig
Das ist ja komisch.

Sich unwohl fühlen

أنا مريض / مريضة
anâ marîḏ / marîḏa.
ich krank(m/w)
Ich bin krank.

لستُ مبسوطاً / مبسوطةً
lastu mabsûṯan / mabsûṯatan.
ich-bin-nicht gesund(m/w)-OBJ
Mir ist nicht gut.

Unterwegs

Wer die arabischen Länder mit der Eisenbahn bereisen will, wird schwere Enttäuschungen erleben. Die Eisenbahn ist in kaum einem arabischen Land ein Hauptverkehrsmittel. Öffentlicher Nah- und Fernverkehr wird in meist dichten Netzen von Bus- und Taxilinien bewältigt.

In fast allen Ländern wird der Straßenverkehr über die Benzinpreise subventioniert und ist deshalb vergleichsweise billig.

Die Weiten der Wüste sind sowieso nur mit einem Jeep, noch besser auf dem Rücken eines Kamels zu durchreisen.

Zu Fuß

Stadtpläne und Landkarten sind nur für denjenigen eine Orientierungshilfe, der gelernt hat, seine Umwelt zweidimensional zu sehen. Die in Karten eingetragen Namen für Straßen oder Plätze entstammen manchmal der Phantasie höherer Beamter und sind nur diesen bekannt.

أين مركز المدينة؟
aina markaz al-madîna?
wo Zentrum der-Stadt
Wo ist das (Orts- oder) Stadtzentrum?

إذهب / إذهبي من هنا على طول
ithhab / ithhabî min hunâ *alâ tûl.
geh(m/w) von hier auf Länge
Geh immer geradeaus, hier entlang!

Orientieren Sie sich am besten an wichtigen Gebäuden, einem Hotel oder Markt, die oft einem ganzen Viertel den Namen geben.

هناكَ على اليمين يوجد جامع
hunâka *alâ al-yamîn yûdjad djâmi*.
dort auf die-rechte es-gibt Moschee
Dort auf der rechten Seite ist eine Moschee.

كيف أذهب الى المتحف الوطني؟
kaifa athhabu ilâ al-mathaf al-watanî?
wie ich-gehe zu das-Museum das-nationale
Wie komme ich zum Nationalmuseum?

على طول	***alâ t̲ûl** *auf Länge*	geradeaus
إلى الأمام	**ilâ al-amâm** *zu das-vorne*	geradeaus
يمين	**yamîn**	rechts
يسار	**yasâr**	links
إلى الخلف	**ilâ al-chalf** *zu das-hinter*	zurück
غرب	**gharb**	Westen
شرق	**sharq**	Osten
جنوب	**djunûb**	Süden
شمال	**shamâl**	Norden

Mit dem Taxi

Taxifahren innerhalb der Städte hält die unterschiedlichsten Überraschungen bereit. Im Allgemeinen sind die Preise zwar durch strenge Gesetze geregelt; in wenigen, berüchtigten Städten (wie z. B. Kairo) hat aber niemand ein Interesse daran, dass diese Gesetze eingehalten werden, niemand – außer Ihnen. Hier gilt es, den Fahrpreis vor Beginn der Fahrt auszuhandeln. Oder Sie sind so keck wie die Einheimischen, die am Ende einen Betrag, den diese – und nicht der Taxifahrer – für angemessen halten, auf die Ablage klatschen. In der Regel trifft man auf funktionstüchtige Taxameter. Achten Sie nur darauf, dass sie auch angestellt werden. Natürlich sind darüber hinaus kleine Trinkgelder gerne gesehen.

Niemand kann Sie davor bewahren, ein wenig Lehrgeld zu zahlen. Manchmal versuchen es die Fahrer eben, von dem so „reichen", unerfahrenen Europäer mehr zu verlangen. Ein bestimmtes **lâ!** „Nein!" von Ihrer Seite lässt diesen Versuch jedoch oft schon scheitern. Eine Taxi-Lizenz ist zu lukrativ, als dass sie riskiert wird.

أوصلنا إلى مكتب البريد، من فضلكَ!

ausilna ilâ maktab al-barîd, min fadluka!

bringe(m)-uns zu Büro der-Post, von Freundlichkeit-dein(m)

Bringen Sie uns bitte zur Post!

لكن أدِرْ العدّاد!

lâkin, adir al-*addâd!

aber, lass(m)-arbeiten der-Taxameter

Aber stellen Sie das Taxameter an!

Zur Nachtzeit oder auf schwierigen und langen Strecken lehnen es Taxifahrer oft ab, nach Taxameter zu fahren. Einigen Sie sich in diesem Fall vorher auf einen Preis.

Man sollte zumindest den Namen des Stadtviertels, in das man fahren will, oder/und ein bekanntes Gebäude in der Nähe seines Zieles kennen. Wenn man sich ein bisschen besser auskennt, ist es hilfreich, dem Taxifahrer den richtigen Weg zu zeigen.

الآن انحرفْ الى اليمين!

al-ân inharif ilâ al-yamîn!

jetzt wende(m) zu die-Rechte

Jetzt nach rechts abbiegen!

... اليسار!

... al-yasâr!

... die-Linke

... nach links!

إلى الأمان!

ilâ al-amâm!

Geradeaus!

قفْ هنا!

qif hunâ!

Halte hier!

Sammeltaxi

Eine wirklich ökonomische und bequeme Erfindung ist das Sammeltaxi **(tâksi rukkâb)**. Ein großräumiger PKW befährt eine feste

Linie zwischen Städten oder auch innerhalb einer Stadt. Er fährt ab, wenn er voll ist, die Passagiere steigen auf der Linie aus oder zu. Solche „Schicksalsgemeinschaften“ auf längeren Strecken sind **die** Gelegenheit, um die Sprache zu lernen.

Mit dem Bus

Um von einem Ort zum anderen zu kommen, bieten sich gleich mehrere Möglichkeiten an. In vielen Ländern stellt eine staatliche Busgesellschaft komfortable Busse **(bâs**, Pl **bâsât)** zwischen den größeren Städten bereit. Dieses Angebot wird durch private Konkurrenz mit unterschiedlichen Komfortklassen ergänzt. Kleinere Busse nehmen auf freier Strecke Passagiere zu und halten auf Verlangen. Sie sind dann zwar erheblich langsamer, aber auch billiger.

محطّة	**mahatta**	Bahnhof, Haltestelle
باص، باصات	**bâs, bâsât**	Bus
قرية، قرى	**qarya** (w), **qurâ**	Dorf
سائق، ون	**sâ'iq, -ûn**	Fahrer
تذكرة، تذاكر	**tathkara** (w), **tathâkir**	Fahrkarte
أجرة	**udjra** (w)	Fahrpreis
درجة	**daradja** (w)	Klasse (im Zug)
شنطة / شنط	**shanta** (w), **shunat**	Tasche
أمتعة	**amti*a** (Pl)	Gepäck

هل يذهب هذا الباص الى مصر؟
hal yadhhabu hâthâ al-bâs ilâ Misr?
FRAU-er-fährt dieser der-Bus nach Ägypten
Fährt dieser Bus nach Ägypten?

الى أين تريد / تريدين؟
ilâ aina turîdu / turîdîna?
nach-wo du(m/w)-willst
Wohin willst du?

الى جدّة / صنعاء / الكويت
ilâ Djidda / Sana*â / al-Kuwait!
nach Dschidda / Sana'a / Kuwait
Nach Dschidda / Sana'a / Kuwait!

إركب / إركبي
irkab / irkabî!
aufsteig(m/w)
Steig ein!

بكم الأجرة إلى دمشق؟
bi-kam al-udjra ilâ Dimashq?
mit-wieviel der-Fahrpreis nach Damaskus
Wie viel kostet es bis Damaskus?

أين موقف الباصات؟
aina mauqif al-bâsât?
wo Haltestelle der-Busse
Wo ist die Bushaltestelle?

أين نحن هنا؟
aina nahnu hunâ?
wo wir hier
Wo sind wir hier?

كم وقت لزمنا إلى عمّان؟
kam waqt lazimnâ ilâ *Ammân?
wieviel Zeit notwendig-uns nach Amman
Wie lange dauert es bis Amman?

Mit dem Auto

Sind Sie mit dem Auto unterwegs, seien Sie doppelt so vorsichtig wie sonst, auch wenn das Verhalten der Einheimischen im Straßenverkehr noch so herausfordernd ist.

Halten Sie sich zurück und versuchen Sie, jegliche Unfälle zu vermeiden!

أين هنا محطّة بنزين؟
aina hunâ mahattat benzîn?
wo hier Station Benzin
Wo gibt es hier eine Tankstelle?

عبّئ الخزّان إلى الآخر!
***abbi' al-chazzân ilâ al-âchir!**
fülle(m) der-Tank zu das-Ende
Mach den Tank ganz voll!

سيارتي معطّلة
saiyâratî mu*attala.
Auto-mein kaputt
Mein Auto ist kaputt.

عندي دولاب منثقب
***indî dûlâb munthaqab.**
bei-mir Reifen(Sg) durchlöchert
Ich habe eine Reifenpanne.

توجد مشكلة في كهربة السيارة
tûdjad mushkila bi kahrabat as-saiyâra.
es-gibt Problem mit Elektrik des-Autos
Mit der Elektrik stimmt etwas nicht.

الفرملة لا تشتغل
al-farmala lâ tashtaghilu!
die-Bremsen nicht sie-arbeiten
Die Bremsen funktionieren nicht!

ممكن تصلح السيارة؟
mumkin tusallihu as-saiyâra?
möglich du(m)-reparierst das-Auto
Können Sie das Auto reparieren?

فقدنا الطريق
faqadnâ at-tarîq.
verloren-wir der-Weg
Wir haben den Weg verloren.

هل الطريق صعب للسيارة؟
hal at-tarîq sa*ab lis-saiyâra?
FRA der-Weg schwer für-das-Auto
Ist der Weg schwer befahrbar?

Manche technischen Vokabeln sind in ihrer rein arabischen Form oft nur gelernten Mechanikern bekannt. Es kann viel weiter führen, das französische oder englische Wort parat zu haben. So ist „Kupplung“ in alten englischen Kolonien unter **klatsh** (engl. **clutch**) in Ländern unter ehemals französischem Einfluss als **dubriyâdj** (frz. **débrayage**) bekannt. „Gang/Getriebe“ heißt dementsprechend **gîr** (engl. **gear**) oder **fites** (frz. **vitesse**).

حدود	**hudûd**	Grenze
مخرج	**machraj**	Ausfahrt/-gang
مدخل	**madchal**	Einfahrt/-gang
جسر، جسور	**djisr, djusûr**	Brücke
حادث	**hâdith**	Unfall
تأمين	**ta'mîn**	Versicherung
مطر، أمطار	**matar, amtâr**	Regen
ريح	**rîh**	Wind
دولاب، دوالب	**dûlâb, dawâlîb**	Reifen
موتور / محرّك	**motôr**; auch: **muharrik**	Motor
ماسورة إشتمان	**mâsûra** (w); auch: **ishtmân**	Auspuff
فرملة ، فرامل	**farmala** (w), **farâmil**	Bremse
حركة	**haraqa** (w)	Gang/Getriebe
مبرّد	**mubarrid**	Kühler
تعشيقة	**ta*shîqa** (w)	Kupplung

شمعة احتراق بوجي	**sham*a ihtirâq;** auch: **bûdjî**	Zündkerze
مفتاح شق	**miftah shaqq** *Schlüssel Spalte*	Schrauben-schlüssel
ممتاز	**mumtâz**	Superbenzin
بنزين (عادي)	**benzîn (*âdî)**	Normalbenzin
مزوت	**mazût**	Diesel
زيت	**zait**	Öl
بحدوء على محل	**bi-hudu'** *mit-Langsamkeit* ***alâ mahl** *über Gemächlichkeit*	langsam
بِسُرعة	**bi-sur*a** *mit-Schnelligkeit*	schnell

Toilette

Beim Gang zur Toilette (**tuwâlît,** gehobener auch: **hammâm:** „Bad") sollten Sie vielleicht eigenes Toilettenpapier (**manâdîl tuwalit,** wörtl.: „Taschentücher Toilette") dabei haben. Welche Toilette für „sie" und für „ihn" ist, wird meistens durch einen Damen- oder Männerschuh auf der Tür angegeben.

Zu einem Mann:

أين التواليت من فضلكَ؟

aina at-tuwâlît min fadluka?

wo die-Toilette von Güte-dein(m)

Wo ist bitte die Toilette?

Zu einer Frau:

أين التواليت من فضلكِ؟

aina at-tuwâlît min fadluki?

wo die-Toilette von Güte-dein(w)

Wo ist bitte die Toilette?

أيّ تواليت للرجال؟

aiy tuwâlît lir-ridjâl?

welche Toilette für-die-Männer

Welche Toilette ist für Männer?

أيّ تواليت للنساء؟

aiy tuwâlît lin-nisâ'?

welche Toilette für-die-Frauen

Welche Toilette ist für Frauen?

Übernachten

Vermeiden Sie, wild zu campen, manchmal hat das Militär „undurchsichtige" Einwände. Fragen sie irgendjemanden, am besten den Grundbesitzer oder die Polizei.

عفواً، هل هذا الفندق أولد كترکت؟

***afwan, hal hâthâ al-funduq „Old Katerakt"?**

Entschuldigung, FRA dies das-Hotel „Old Kat."

Entschuldigung, ist dies das Hotel „Old Katerakt"?

هل لديكم غرفة بسرير / سريرين فاضية؟

hal ladaikum ghurfa bi sarîr / sarîrân fâḏiya?

FRA bei-Euch(m) Zimmer mit Bett / Betten-zwei frei

Haben Sie ein Einzel- / Doppelzimmer frei?

... ليوم / يومين / أسبوع؟
... li yaum / yaumân / usbû*?
... für Tag / Tag-zwei / Woche
... für einen Tag / zwei Tage / eine Woche?

... بفطور / حمّام؟
... bi fuṯûr / ḫammâm?
... mit Frühstück / Bad
... mit Frühstück / Bad?

ممكن نتفرّج الغرفة؟
mumkin natafarradju al-ghurfa?
möglich wir-betrachten das-Zimmer
Können wir das Zimmer sehen?

يوجد ماء ساخن؟
yûdjad mâ' sâchin?
es-gibt Wasser warm
Gibt es warmes Wasser?

بكم الغرفة؟
bi-kam al-ghurfa?
mit-wieviel das-Zimmer
Wie viel kostet das Zimmer?

ممكن نخيّم هنا؟
mumkin nuchayyimu hunâ?
möglich wir-zelten hier
Können wir hier zelten?

لا يوجد...
lâ yûdjad ...
nicht es-gibt ...
Es fehlt ...

أين ...؟
aina ...?
wo ...
Wo ist ...?

حمّام	**hammâm**	Bad
سرير، أسرّة	**sarîr, asirra**	Bett, Betten
تواليت	**tuwâlît**	Toilette
دوش	**dûsh**	Dusche
حارّ	**hârr**	heiß
فاضي	**fâdiy**	frei
فندق	**funduq**	Hotel
بارد	**bârid**	kalt
مخدّة	**michadda** (w)	Kissen
مطبخ	**matbach**	Küche
شرشف	**sharshaf**	Laken (Sg)
شراشف	**sharâshif**	Laken (Pl)
كرسي	**kursî**	Stuhl
كراسي	**karâsî**	Stühle
طاولة	**tâwila** (w)	Tisch
غرفة	**ghurfa** (w)	Zimmer (Sg)
غرف	**ghuraf** (w)	Zimmer (Pl)
خيمة، خيام	**chaima** (w), **chiyâm**	Zelt
خيّم، يخيّم	**chayyama, yuchayyimu**	zelten
مخيّم سياحي	**muchaiyam siyâhî** *Zeltlager touristisch*	Zeltplatz

Es ist wichtig, bei „Zeltlager" das „touristisch" **(siyâhî)** hinzuzufügen, denn in einigen arabischen Ländern gibt es andere „Zeltlager," nämlich jene, die nach den Kriegen 1948 und 1967 mit Israel entstanden sind, wo palästinensische Flüchtlinge unterkamen. Hier sind die Zelte längst stabilen Gebäuden gewichen, die Bezeichnung „Zeltlager" **(muchaiyam)** für diese Stadtviertel besteht aber nach wie vor.

Essen und Trinken

Es gibt ebensowenig eine einheitliche arabische Küche wie eine einheitliche arabische Kultur. Jedes Land hat seine eigene Traditionen. Die Ägypter essen mit Verzückung ihr **fûl** (eine etwas gewöhnungsbedürftige Suppe aus dicken Saubohnen), im Maghreb wird für ein **kuskus** (gekochtes Fleisch auf Weizengrieß) alles stehen gelassen, und der Syrer reist für eine gute **t̲abbûla** (einen Petersiliensalat) meilenweit. Jede Küche lohnt, probiert zu werden, doch unter den verschiedenen Traditionen genießt die libanesische einen besonderen Ruf.

أنا جوعان / جوعانة
anâ djau*ân / djau*âna.
ich hungrig(m/w)
Ich bin hungrig.

يوجد مطعم قريب من هنا؟
yûdjad mat̲*am qarîb min hunâ?
gibt-es Restaurant nahe von hier
Gibt es hier in der Nähe ein Restaurant?

المطعم مفتوح!
al-mat̲*am maftûh̲!
das-Restaurant offen
Das Restaurant ist geöffnet!

المطعم مغلق!
al-mat̲*am mughlaq!
das-Restaurant geschlossen
Das Restaurant ist geschlossen!

يوجد فتّة هنا؟
yûdjad fatta hunâ?
gibt-es Fatta hier
Gibt es hier Fatta? (s. typische Gerichte)

أريد فلافل وحمّص
urîdu falâfil wa hummus.
ich-will Falafel und Hummus
Ich möchte Falafel und Hummus.

توجد قائمة الطعام (بالإنكليزي)؟
tûdjad qâ'imat at-ta*âm (bil-inglîzî)?
gibt-es Liste(w) der-Speisen (mit-das-Englisch)
Gibt es eine Speisekarte (auf Englisch)?

ماذا لديكم؟
mâthâ ladaikum?
was bei-Euch(m)
Was haben Sie?

هل لديكم خُضر؟
hal ladaikum chudar?
FRA bei-Euch(m) Gemüse
Haben Sie Gemüse?

بالهناء والشفاء!
bil-hanâ' wash-shifâ'!
mit-das-Wohlbefinden und-der-Appetit
Guten Appetit!

الحساب من فضلكَ / فضلكم!
al-hisâb min fadluka / fadlukum!
die-Rechnung von Güte-dein(m) / Güte-Eure(m)
Die Rechnung bitte!

Frühstück **(futûr)**

خبز	**chubz**	Brot
زبدة	**zibda** (w)	Butter
بيض	**baid** (GATT)	Eier
جبنة	**djibna** (w)	Käse
مربّة	**murabba** (w)	Marmelade
زيتون	**zaitûn** (GATT)	Oliven

Einige typische und gute Gerichte		
فول	**fûl**	Suppe aus Saubohnen
كسكس	**kuskus**	Fleisch auf Weizengrieß
طبّولة	**tabbûla**	Petersiliensalat
حمّص	**hummus**	Kichererbsenpüree mit Sesamsoße
طحينة	**tahina** (w)	Sesamsoße
فلافل	**falâfil**	frittierte Kichererbsenklöpse
بابا غنوج	**baba ghanûdj**	Auberginenpüree mit Öl und Granatapfel
لبن بخيار	**laban bi chiyâr**	ähnlich wie Tzatziki
لبنة	**labna** (w)	Quark
مخلّل	**muchallal**	in Essig eingelegtes Gemüse
مطبّل	**mutabbal**	Auberginenpüree mit Joghurt
كوسة محشي	**kûsa mahshî**	gefüllte Zucchini
يبرة	**yabra**	mit Fleisch gefüllte Weinblätter
يلنجي	**yalandjî**	mit Tomaten gefüllte Weinblätter
مقبولة	**maqlûba**	Reis mit Auberginen
فتّة	**fatta**	Eintopf mit Kichererbsen und Brot
فرّوج	**farrûdj**	Brathähnchen
كباب	**kabâb**	Fleischspieße
لحم عجل	**lahm *ijl** *Fleisch Kalb*	Rindfleisch
لحم غنم	**lahm ghanam**	Hammelfleisch

شقف	**shaqaf**	Frikadellen
شاورما	**shâwirma**	Döner-Kebab
شيش طووق	**shîsh tawûk**	Hühnchenfleischspieß

Getränke **(sharâbât)**

شاي	**shâi**	Tee
قهوة...	**qahwa ...**	Kaffee (türk.)
...سوداء	**... saudâ'**	ohne Zucker
...وسط	**... wasat**	mittelsüß
...حلوة	**... huluwa**	süß
ماء في الزجاجة	**mâ' fîz-zudjâdja**	Mineralwasser
حليب، لبن	**halîb,** auch: **laban**	Milch
عصير...	***asîr...**	Saft
...برتقال	**...burtuqâl** (GATT)	Orange
...ليمون	**...lîmûn** (GATT)	Zitrone
...رمان	**...rumân** (GATT)	Granatapfel
...تمر هندي	**...tamar hindi** *Dattel indisch* (GATT)	Tamarinde
ليمونادة	**lîmûnâda** (w)	Limonade
بيرة	**bîra** (w)	Bier
نبيذ، خمرة	**nabîth,** auch: **chamra** (w)	Wein
عرق	***araq** *(„die Träne")*	Anisschnaps

Obwohl Messer und Gabel gereicht werden, werden die vielen Gerichte auf den kleinen Tellern mit gefaltetem Brot zu sich genommen. Im Maghreb und bei den Beduinen ist es üblich, mit den Fingern zu essen. Dann gehört die linke Hand unter den Tisch oder in den Schoß, denn sie gilt als „unrein"!

غداء	**ghadâ'**	Mittagessen
عشاء	***ashâ'**	Abendessen
ملح	**milh**	Salz
فلفل	**filfil**	Pfeffer
خلّ	**chall**	Essig
زيت	**zait**	Öl
حلو	**huluw**	süß
حامض	**hâmid**	sauer
سكّين، سكاكين	**sikkîn, sakâkîn**	Messer
ملعقة، ملائق	**mil*aqa, malâ*iq**	Löffel
شوكة، ات	**shauka** (w), **-ât**	Gabel
صحن، صحون	**sahn, suhûn**	Teller
كأس، كؤوس	**ka's** (w), **ku'ûs**	Glas
جوعان	**djau*ân**	hungrig
عتشان	***atshân**	durstig

Zu Gast sein

Wenn Sie in ein arabisches Haus eingeladen werden, sollte man die Gelegenheit wahrnehmen, eine fremde Umgebung unvoreingenommen kennenzulernen. Fühlen Sie sich ganz wie zu Hause, so werden Sie Ihren Gastgebern die meiste Freude bereiten.

Bei der Begrüßung sollte man versuchen, eine Rangstufe einzuhalten, die die Ältesten ehrt.

„Ladies first“ gilt bei der Begrüßung allerdings nicht: Zur Begrüßung reicht man nur den Männern die Hand und dann auch bitte stets die rechte! Teil der Begrüßung sind die Erkundigungen nach dem Befinden. Um nach dem Wohlergehen der Frau zu fragen, wählen viele Araber den Umweg über die „Familie“ **(al-*â'ila).**

!

أهلاً وسهلاً!
ahlan wa sahlan.
(sei) ein Angehöriger und bequem
Herzlich willkommen!

Antwort:
أهلاً بكم
ahlan bikum.
ein Angehöriger bei Euch
Ich fühle mich willkommen.

كيف حال العائلة؟
kaifa hâl al-*â'ila?
wie Lage der Familie
Wie geht es der Familie (=Frau)?

تفضلوا اشربوا شاي
tafaddalû ishrabû shâi.
bitte, trinkt(Pl) Tee
Bitte, nehmen Sie doch Tee.

Wird man zum Essen eingeladen, so ist ein kleines Geschenk angebracht. Süßigkeiten sind besser geeignet als Alkohol. Beliebte Gesprächsthemen sind die Familie, die Ausbildung und natürlich die Lebensumstände in Europa.

جلبنا هدية صغيرة للأطفال
djalabnâ hadîya saghîra lil-atfâl.
mitbrachten-wir Geschenk klein für-die-Kinder
Wir haben ein kleines Geschenk für die Kinder mitgebracht.

كم إخوة عندكَ، أنتَ؟

kam ichwa *indaka, anta?

wieviel Brüder bei-dir(m), du(m)

Wie viele Geschwister hast du?

باذنكم، لازم نذهب

bi-uthnukum, lâzim nathhabu.

mit-Erlaubnis-Eure(m), notwendig wir-gehen

Mit Ihrer Erlaubnis, aber wir müssen gehen.

Sicherlich werden Sie auch den Satz hören:

زورونا كلّ وقت تريدون

zûrûnâ kull waqt turîdûna.

besucht(Pl)-uns alles Zeit ihr-wollt

Besuchen Sie uns jederzeit, wenn Sie wollen.

أبو، آباء	**abû, âbâ'**	Vater
أمّ، أمّهات	**umm** (w), **ummuhât**	Mutter
إبن، أبناء	**ibn, abnâ'**	Sohn
بنت، بنات	**bint** (w), **banât**	Tochter
أخ، إخوة	**ach, ichwa**	Bruder
أخت، أخوات	**ucht** (w), **achawât**	Schwester
جدّ، أجداد	**djadd, adjdâd**	Großvater
جدّة، جدّات	**djadda** (w), **-ât**	Großmutter
أبوان	**abawân**	Eltern
جار، جيران	**djâr, djîrân**	Nachbar
حيّ، أحياء	**haiy, ahyâ'**	Wohnviertel

Die Religion

Die Religion ist in der arabischen Welt ein Lebensbereich, der viel wichtiger ist als bei uns. Viele Menschen bestimmen ihren Platz in der Gesellschaft vor allem durch die Angehörigkeit zu einer religiösen Gruppe.

Die beiden größten Gruppen im Islam sind die Sunniten, die in allen arabischen Ländern, außer im Irak, Bahrain und im Libanon, die Mehrheit stellen, und die Schiiten. Die größten christlichen Gruppen gibt es in Ägypten (Kopten genannt), im Libanon (Maroniten) und in Syrien (Orthodoxe und Katholiken).

Wer sich selber zu keiner Religion bekennt, läuft Gefahr, „schief“ angeguckt zu werden. Für Atheisten wird wenig Verständnis aufgebracht. Dabei ist der Islam nicht die einzige Religion in der arabischen Welt. Sicher, er ist die Religion, die das Alltagsleben am meisten bestimmt; aber es gibt auch Christen, vereinzelt auch Juden und weitere Religionen, wie z. B. die Mandäer im Irak, zu entdecken. Einzelne Gruppen des Islams und des Christentums haben sich weiter aufgespalten. Der Prophet Muhammad sagte einmal, dass sich seine Gemeinde in 73 Gruppen aufspalten werde, und nur eine davon werde den richtigen Glauben verfolgen. Diese Zahl ist heute bestimmt überschritten.

Jedes Gotteshaus im Orient ist ein Kunstwerk und kann im Allgemeinen besucht werden (einzig in Marokko ist es für Nicht-Muslime verboten, Moscheen zu betreten). Fühlt man sich unsicher, empfiehlt es sich, einen Umstehenden zu fragen. Sicher wird er Sie freundlich hineingeleiten. Beachten Sie bei Moscheebesuchen, die Schuhe auszuziehen, Frauen sollten ihr Haar bedecken.

مسلم، مسلمون	**muslim, -ûn**	Muslim
سنّي، ون	**sunnî, -yûn**	Sunnit

شيعي، ون	**shî*î, -yûn**	Schiit
مسيحي، ون	**masîhî, -yûn (masîh** ist der Messias)	Christ; christlich
قبطي، أقباط	**qubtî , aqbât**	Kopte; koptisch
كثوليكي، ون	**kathûlikî, -yûn**	Katholik; katholisch
بروتستانتي، ون	**brûtastântî, -yûn**	Protestant; protestantisch
رومي أورثوذكس	**rûmî orthothoks** *byzantinisch orthodox*	Griechisch-Orthodoxer; griechisch-orthodox
سريان	**siriân**	syrisch-orthodox
أشوري، ون	**ashûrî, -yûn**	assyrischer Christ
ماروني، ون	**mârûnî, -yûn**	Maronit
درزي، دروز	**durzî, durûz**	Druse
يهودي، يهود	**yahûdî, yahûd**	Jude
قرآن	**qur'ân**	Koran
الكتاب المقدّس	**al-kitâb al-muqaddas** *Buch das-heilige*	Bibel
عالم، علماء	***âlim, *ulamâ'**	islam. Gelehrter
إمام، أئمّة	**imâm, a'imma**	Vorbeter bei den Sunniten
جامع، جوامع	**djâmi*, djawâmi***	Moschee
كنيسة، كنائس	**kanîsa** (w), **kanâ'is**	Kirche
كنيس	**kanîs**	Synagoge
خوري، خوارنة	**chûrî, chawârina**	Priester
راهب، رهبان	**râhib, rahbân**	Mönch
سلفي، ون	**salafî, -yûn**	Salafist
دين، أديان	**dîn, adyân**	Religion

Was für Christen der Sonntag ist, ist für die Muslime der Freitag: Dann wird mittags zum großen gemeinsamen Gebet gerufen. Wollen Sie gläubige Muslime besuchen, so vermeiden sie die fünf Gebetszeiten am Tag. Achten Sie in solchen Häusern strikt das Alkoholverbot!

Fragen Sie am besten, ob Sie eine Moschee betreten dürfen.

ممكن ندخل الجامع / الكنيسة؟

mumkin nadchulu al-djâmi* / al-kanîsa?

möglich wir-eintreten die-Moschee / die-Kirche

Können wir die Moschee / Kirche betreten?

بسم الله الرحمان الرحيم

bismillâh ar-rahmân ar-rahîm!

mit-Name-Gottes der-barmherzig der-vergebend

Im Namen Gottes!

ما شاء الله

mâ shâ'a allâh!

was er-will Gott

Was Gott fügt!

إن شاء الله!

in shâ'a allâh!

sofern er-will Gott

Wenn Gott es so will!

Der Koran (Sure 18, Vers 22–23) empfiehlt diesen Satz allen Aussagen über zukünftige Ereignisse hinzuzufügen, selbst die eigenen Handlungen. Schließlich ist alles ein Ausdruck Gottes Willens. Lassen Sie sich vom Wortlaut aber nicht verunsichern, sie wird in einer Bedeutungsskala von „vielleicht" bis „das wird sicher geschehen" gebraucht.

طبعاً، ليس مشكلةً، تفضّلوا ادخلوا!

tab*an, laisa mushkilatan, tafaddalû udchulû!

natürlich, er-ist-nicht Problem, bitte(Pl) eintretet(Pl)

Natürlich, kein Problem, bitte treten Sie ein!

Einkaufen und Handeln

Einkaufen ist in den arabischen Ländern eine tagesfüllende Angelegenheit und vor allem ein Gesellschaftsspiel. Wie bei jedem Spiel gilt es, ein Ziel zu erreichen, und das bedeutet, die Ware so billig wie möglich zu bekommen. Aber am Ende ist doch wichtiger, ob es Spaß gemacht hat. Kein Argument ist zu originell, den Preis zu heben oder zu drücken.

In den einzelnen Ländern ist die Haltung, die die Händler gegenüber Touristen haben, unterschiedlich. Wo es viele Touristen gibt, die schnell und unvermittelt zugreifen, versuchen die Händler von solcher Kaufhausmentalität zu profitieren. Anderenortes machen sie aber auch keinen Unterschied zwischen Touristen und Nachbarn.

Suchen Sie zuerst die Ware aus, die Sie wirklich haben wollen, und beginnen Sie dann, nach dem Preis zu fragen. Preisvergleiche sind wirklich eine schwierige Sache, denn das erste Angebot sagt wenig darüber, um wieviel der Preis gedrückt werden kann. Am besten informieren Sie sich bei Freunden oder Bekannten vorher über den „Wert" der Ware. Aber dieser ist eben auch vom Verhandlungsgeschick abhängig. Ein kleiner Rabatt sollte aber immer herauszuhandeln sein.

Haben Sie nie Skrupel, nach einem Preisnachlass zu fragen, es sei denn, Sie sind im Supermarkt oder kaufen Lebensmittel. Lassen Sie sich auch von kleinen Gesten der Gastfreundschaft nicht bestechen, das ist üblich in diesem Gewerbe.

Gute Geschäfte können Tage benötigen. Schauen Sie daher öfter beim Händler herein, und ändern Sie Ihr Angebot ein wenig. Oft werden Sie noch auf der Straße zurückgerufen, und ihr Preis wird akzeptiert.

ماذا تريد / تريدين / تريدون؟
mâthâ turîdu / turîdîna / turîdûna?
was du(m)-willst / du(w)-willst / ihr(Pl)-wollt
Was möchtest du / ihr (Sie)?

أرِني...!
arinî ...!
Zeigen Sie (m) mir ...!

بكم هذا الشيء؟
bi-kam hâthâ ash-shai'?
mit-wieviel diese die-Sache
Wie teuer ist das?

هذا بستّة دينارات
hâthâ bi sitta dînârât.
dieses mit sechs Dinar(Pl)
Das kostet sechs Dinar.

ممكن أقسه؟
mumkin aqisuhu?
möglich ich-anprobiere-ihn
Kann ich es anprobieren?

أريد شنطةً صغيرةً بالجلد، ليس غاليةً
urîdu shantatan saghîratan bil-djild, laisat ghâliyatan.
ich-will Tasche-OBJ klein-OBJ mit-das-Leder, sie-ist-nicht teuer-OBJ
Ich möchte eine kleine Ledertasche, nicht zu teuer.

عندي أفضل شنطة رخيص جدّاً
***indî afdal shanta, râchîs djiddan.**
bei-mir besser Tasche, billig sehr
Ich habe die beste Tasche, sehr billig.

Die höchste Steigerungsstufe, z. B. „zu teuer“, wird wie folgt gebildet: 1. Steigerungsstufe + **min al-lâzim** (mehr als nötig).

لكن هذا أغلى من اللازم
lâkin hâthâ aghlâ min al-lâzim.
aber dieses teurer von das-Nötige
Aber das ist zu teuer.

لازم تُعطيني خصماً
lâzim tu*tînî chasman.
nötig du-gibst-mir Rabatt-OBJ
Sie müssen mir Rabatt geben.

يوجد خصم عليها؟
yûdjad chasm *alaihâ?
gibt-es Rabatt über-sie
Gibt es einen Rabatt darauf?

Achtung: das Wort **bi-** (mit) gibt immer den Preis an.

تمام، خُذْها بخمسة!
tamâm, chuth'hâ bi chamsa!
okay, nimm-es mit fünf
Okay, nimm es für fünf!

دكّان، دكاكين	**dukkân, dakâkîn**	Laden, Geschäft
سوق سوداء	**sûq saudâ'** *Markt schwarz*	Schwarzmarkt
بائع، ون	**bâ'i* / bâ'i*ûn**	Verkäufer(in)
صاحب، أصحاب	**sâhib, as'hâb**	Besitzer
تاجر، تجّار	**tâdjir, tudjdjâr**	Händler, Kaufmann
قياس	**qiyâs**	Größe (Kleider usw.)
نقود، فلوس	**nuqûd;** auch: **fulûs**	Geld
سعر، ثمن	**si*r;** auch: **thaman**	Preis
خفّض، يُخفّض خفّضْ!	**chaffada, yuchaffidu, chaffid!**	ermäßigen / reduzieren
إشترى، يشتري	**ishtarâ, yashtarî**	kaufen
باع، يبيع	**bâ*a, yabî*u**	verkaufen
تفرّج يتفرّج	**tafarradja, yatafarradju**	sich umsehen, schauen
أرى، يُري، أرِ!	**arâ, yurî, ari!**	zeigen
قاس، يقيس	**qâsa, yaqîsu**	anprobieren
رخيص . أرخص	**rachîs – archas**	billig – billiger

غالي . أغلى	**ghâliy – aghla**	teuer – teurer
تمان، موافق	**tamâm!; muwâfiq!**	Einverstanden!
صحيح!	**s̲ah̲îh̲!**	genau! / richtig!

Fotografieren

Einige Muslime sind der Meinung, der Islam verbiete die bildliche Darstellung von Menschen, auch durch Fotos. Dies gilt in manchen Gegenden mehr als in anderen. In den modernen Städten kann sich jedoch kaum noch jemand einer Ablichtung entziehen.

Es sollte vorsichtig mit der Kamera oder dem Smartphone „geschossen" werden. Sie vermeiden Aufregung, wenn Sie denjenigen, den Sie fotografieren wollen, oder Umstehende freundlich fragen – die Bitte wird Ihnen dann sicherlich gewährt werden. Empfindlich reagieren hingegen die Behörden auf Kameras in der Nähe von Militär- und Sicherheitsanlagen, ein Begriff, der selbst Brücken beinhalten kann.

ممكن أصوّركَ / أصورِكِ؟
mumkin us̲awwaruka / us̲awwaruki?
möglich ich-fotografiere-dich(m/w)
Kann ich Sie fotografieren?

نعم ممكن، لكن لماذا؟
na*am, mumkin,
lâkin limâthâ?
ja, möglich, aber warum
Ja, möglich, aber warum?

أريد ذكراً
urîdu thikran.
ich-will Erinnerung-OBJ
Ich möchte eine Erinnerung.

Kommunikation

Hotels und (gute) Cafés haben auch in der arabischen Welt ein WLAN-Netz (**wây-fây** von engl. *Wifi*), das Sie nutzen können. Denken Sie daran, dass viele arabische Länder das Internet zensieren und nicht alle Websites zugänglich sind.

هل لديكم شبكة واي فاي؟
hal ladaikum shabakat wây-fây?
FRA bei-Euch Netz Wifi
Haben Sie ein WLAN-Netz?

ما هي كلمة المرور؟
mâ hiya kalimat al-murûr?
was sie Wort des Eintritts
Was ist das Passwort?

ممكن تعطيني كلمة المرور من فضلكَ / فضلكِ / فضلكم؟
mumkin ta*t̲înî kalimat al-murûr min fad̲luka / fad̲luki / fad̲lukum?
möglich du-geben-mir Wort des Eintritts von Güte-dein(m/w) / Güte-Eure(m
Können Sie mir bitte das Passwort geben?

هل خدمة الواي فاي مجانية؟
hal chidmat al-wây fây madjânîya?
FRA Dienst des Wifi kostenlos
Ist das WLAN-Netz gebührenfrei?

هل ممكن أستعمل هذا الكمبيوتر؟
hal mumkin asta*malu hâthâ l-kombyûtar?
FRA möglich ich-benutze diese Computer
Darf ich diesen Computer benutzen?

هل ممكن شحن هاتفي هنا؟
hal mumkin shahn hâtifî hunâ?
FRA möglich Aufladen Telefon-mein hier
Kann ich mein Telefon hier aufladen?

كمبيوتر	**kombyûtar**	Computer
إنترنت	**internet**	Internet
شبكة، شباك	**shabaka, shibâk**	Netzwerk
واي فاي	**wây-fây**	WLAN
كلمة المرور كلمة السرّ	**kalimat al-murûr** auch: **kalimat al-sirr** (*Wort des Geheimnisses*)	Passwort
هاتف	**hâtif**	Telefon (mobil oder Festnetz)
جوال	**djawâl**	Mobiltelefon
هاتف محمول	auch: **hâtif mahmûl**	(*Telefon getragen*)
شحن، يشحن	**shahana, yashhanu**	aufladen (Batterie)
شحْن	**shahn**	das Aufladen
البطاريّة	**al-batârîya**	die Batterie
فارغ، ة	**fârigh / -a**	leer
ممتلئ، ة	**mumtali' / -a**	voll

Bank, Post, Behörden

Zu Behördengängen sollten Sie auf jeden Fall korrekt gekleidet sein, stets höflich bleiben und vor allem nie die Geduld verlieren. Sehen Sie als Tourist von jeglichen Bestechungsversuchen ab! Wenn Sie nicht zum gewünschten Erfolg kommen, so versuchen Sie es am folgenden Tag. Der Weg zum Vorgesetzten sollte eines der letzten Mittel sein, um etwas Dringendes zu erreichen, denn er nützt meistens wenig und verärgert alle Beteiligten.

أريد أن أصرّف يورو
urîdu an usarrifu yûro.
ich-will dass ich-wechsele Euros
Ich möchte Euros tauschen.

أريد طوابع لثلاثة رسائل إلى ألمانيا
urîdu tawâbi* li thalâtha rasâ'il ilâ Almâniyâ.
ich-will Briefmarken für drei Briefe für Deutschland
Ich möchte Briefmarken für drei Briefe nach Deutschland.

بالبريد الجوي
bil-barîd al-djauwî.
mit-die-Post die-luftig
Mit Luftpost.

أريد أن أمدّد إقامتي!
urîdu an umaddidu iqâmatî!
ich-will dass ich-verlängere Aufenthaltsrecht-mein
Ich möchte meine Aufenthaltserlaubnis verlängern!

بنك، بنوك	**bank, bunûk**	Bank
نقود، فلوس	**nuqûd;** auch: **fulûs**	Geld
عملة، ات	***umla** (w), **-ât**	Währung
تصريف عملة	**tasrîf *umlât** *(Wechsel Währungen)*	Geldwechsel
صرّف، يُصرّف	**sarrafa, yusarrifu**	wechseln (Geld)
يورو	**yûro**	Euro
فرانك (سويسري)	**frânk (swîsri)**	Schweizer Franken
دلّار، ات	**dullâr, -ât**	Dollar

بريد	**barîd**	Post (allgemein)
مكتب البريد	**maktab al-barîd** (w) *(Büro der Post)*	Postamt
موظّف، ون	**muwazzaf, -ûn**	Beamter
مدير	**mudîr**	Direktor
شبّاك، شبابيك	**shubbâk, shabâbîk**	Schalter
رسالة، رسائل	**risâla** (w), **rasâ'il**	Brief
طابع، طوابع	**tâbi*, tawâbi***	Briefmarke
ظرف، ظروف	**zarf, zurûf**	Briefumschlag
رسالة مسجّلة	**risâla musadjdjala** (w) *(Brief eingeschrieben)*	Einschreibebrief
سفارة	**sifâra** (w)	Botschaft
رشوة	**rishwa** (w)	Bestechung(sgeld)
تمديد	**tamdîd**	Verlängerung
ملفّ، ات	**milaff, -ât**	Dokumente, Akte
مدّد، يُمدّد	**maddada, yumaddidu**	verlängern (Dokumente)
تأشيرة، فيزا	**ta'shira** (w); auch: **viza**	Visum
إقامة	**iqâma** (w)	Aufenthaltrecht
جواز السفر جوازات السفر	**djauwâz as-safr,** **djauwâzât as-safr** *(Erlaubnis der-Reise)*	Reisepass
هويّة	**huwîya** (w)	Ausweis
صالح	**sâlih**	gültig
إنتهى، ينتهي	**intahâ, yantahî**	ablaufen, beenden
مسؤول	**mas'ûl**	verantwortlich

Krank sein

Viele Ärzte haben in Europa studiert, und in fast jedem Land gibt es einige, die in Deutschland waren. Die deutschen Botschaften halten Listen dieser Ärzte bereit. Arztpraxen kündigen sich durch Werbeschilder an, auf denen der Studienort angeben ist. Ein Apotheker weiß sicher über den nächsten Arzt Bescheid.

Es gibt staatliche Polikliniken und private Krankenhäuser, doch sollten Sie stets erst einen Arzt konsultieren, der Sie in das richtige Krankenhaus einweist, falls es nötig ist. Für die Reiseapotheke ist übrigens eine eigene (Einweg-)Spritze zu empfehlen.

تعرف طبيباً درس في ألمانيا؟
ta*rifu t̲abîban darasa fî Almâniyâ?
du(m)-weißt Arzt-OBJ studierte-er in Deutschland
Kennen Sie einen Arzt, der in Deutschland studiert hat?

أين الصيدلية المقبلة؟
aina as̲-s̲aidalîya al-muqbila?
wo die-Apotheke die-nächste
Wo ist die nächste Apotheke?

أنا مريض / مريضة
ana marîd̲ / marîd̲a.
ich krank(m/w)
Ich bin krank.

... يؤلمني
... yu'limunî.
... er-schmerzt-mir
... tut mir weh.

بطني	**bat̲nî**	mein Bauch
رأسي	**ra'sî**	mein Kopf
أسناني	**asnânî**	meine Zähne

حلقي	halqî	mein Hals
صدري	sadrî	meine Brust

ما لديكم حُقنة تستعملها مرّة واحدة؟

mâ ladaikum huqna tasta*maluhâ marra wahida?

nicht bei-Euch(m) Spritze du(m)-benutzt-sie Mal eins

Haben Sie keine Einwegspritze?

أنا عندي حُقنة معقّمة

anâ *indî huqna mu*aqqama.

ich bei-mir Spritze steril(w)

Ich habe eine sterile Spritze dabei.

صيدلية	**saidalîya** (w)	Apotheke
إسهال	**is'hâl**	Durchfall
برد، أنفلونزا	**bard**; auch: **inflûnza**	Grippe
مستشفى	**mustashfâ**	Krankenhaus
دواء، أدوية	**dawâ', adwiya**	Medizin
ألم	**alam**	Schmerz
آلم، يُؤلم	**'âlama, yu'limu**	schmerzen
حامل	**hâmil**	schwanger
قاء، يقيء	**qâ'a, yaqî'u**	sich erbrechen
قرص، أقرلص	**qurs, aqrâs**	Tablette
جرح، جروح	**djurh, djurûh**	Wunde

Schimpfen und Fluchen

Weil Hocharabisch ursprünglich eine Schriftsprache ist, ist es eher arm an Schimpfwörtern. Sie gehören zur spontanen Rede und sind deshalb in den Dialekten der einzelnen Länder reichlich vorhanden. Viele Schimpfwörter beziehen sich auf unreine Tiere (Esel, Hund, Schwein). Zur Not können Sie sich im Wortverzeichnis bedienen. Führen Sie sich aber vor Augen, dass Sie nur Gast sind, und lassen Sie sich nie provozieren!

Verwenden Sie keine Schimpfwörter, die etwas mit der Mutter **(umm)**, der Schwester **(ucht)** oder dem Genitalbereich zu tun haben – es könnte böse für Sie enden. Der folgende Satz ist eher ein „Bonmot" als eine Beschimpfung, mit dem Sie humorvoll und beschwichtigend auf aggressive Situationen reagieren können:

أَلله يسامحكَ!
allâh yusâmhuka!
Gott er-vergebe-dir(m)
Gott vergebe dir (Mann)!

أَلله يسامحكِ!
allâh yusâmhuki!
Gott er-vergebe-dir(w)
Gott vergebe dir (Frau)!

Glimpfliche und ausgefallene Beschimpfungen sind:

يُكسِّرْ يديكَ / يديكِ!
yukassir yadaika / yadaiki!
er-möge-zerschlagen Hände-dein(m/w)
Deine Hände mögen zerbrechen!

يُخربْ بيتكَ / بيتكِ!
yuchrab baituka / baituki!
zerstören-werde Haus-dein(m/w)
Dein Haus möge einfallen!

Dringende Hilferufe

Im Notfall können Sie auf die hier genannten Sätze zeigen.

النجدة!
an-nadjda!
Hilfe!

أحتاج إلى مساعدة!
ahtâdju ilâ musâ*ada!
Ich brauche Hilfe!

ممكن تساعدني؟
mumkin tusâ*idunî?
Können Sie mir helfen? (zu einem Mann)

إسمي ...
ismî ...
Mein Name ist ...

أنا من ألمانيا / النمسة / سويسرا
anâ min Almâniyâ / an-Nimsâ / Swîsrâ.
Ich komme aus Deutschland / Österreich / der Schweiz.

عرض لي حادث
***arada lî hâdith.**
Ich hatte einen Unfall.

أنا مريض / مريضة
anâ marîd / marîda.
Ich bin krank (m/w).

سرقوني
saraqûnî.
Man hat mich bestohlen.

فقدتُ وثائقي
faqadtu wathâ'iqî.
Ich habe meine Dokumente verloren.

ساعدوني بسرعة من فضلكم!
sâ*idûnî bi-sur*a min fadlukum!
Helfen Sie mir bitte schnell!

أطلبوا طبيباً من فضلكم
utlubû tabîban min fadlukum.
Bitte holen Sie einen Arzt!

أطلبوا الشرطة من فضلكم

utlubû ash-shurta min fadlukum.

Bitte holen Sie die Polizei!

أعطوني أكلاً / شرباً من فضلكم

a*tûnî aklan / sharban min fadlukum.

Bitte geben Sie mir etwas zu trinken / essen!

كيف أذهب إلى...؟

kaifa athhabu ilâ ...?

Wie komme ich nach ...?

كيف أذهب إلى طبيب / فندق / البلد المقبل؟

kaifa athhabu ilâ tabîb / funduq / al-balad al-muqbil?

Wie komme ich zum Arzt / Hotel / nächsten Ort?

أين ممكن أتّصل بالهاتف؟

aina mumkin attasilu bil-hâtif?

Wo kann ich telefonieren?

أخبروا السفارة الألمانية من فضلكم

achbirû as-sifâra al-almânîya min fadlukum.

Bitte benachrichtigen Sie die deutsche Botschaft!

A Z

Wörterbuch

Literaturhinweise 158
Wörterbuch Deutsch – Arabisch 160
Wörterbuch Arabisch – Deutsch 175
Notizen 189
Der Autor 190

Literaturhinweise

Mittlerweile gibt es eine große Auswahl an guten Lehrmaterialien für Modernes Standardarabisch (MSA), die Sprachstufe, die wir in diesem Sprachführer vermitteln. Ein gut konzipiertes Lehrbuch ist z. B. **„Arabisch Intensiv: Grundstufe“**, das vom Landesspracheninstitut an der Ruhr-Universität Bochum entwickelt wurde. Es ist im Buske Verlag, Hamburg, erschienen. Audiomaterialien sowie ein Lösungsschlüssel zu den Übungen stehen zum Download unter www.lsi-bochum.de bereit.

Ein ähnliches Buch, das auch für das Selbststudium geeignet ist, ist der erste Band von **„Usrati: Lehrbuch für modernes Arabisch“.** Die dazugehörige CD hilft die Aussprache korrekt zu erlernen. Weitere Bände führen dann tiefer in die Sprache hinein. Diese sind im Hueber Verlag, München, erschienen.

Als drittes Buch sei hier **„Salam! neu: Arabisch für Anfänger“** genannt, das für den Selbstunterricht aber nicht ganz so gut geeignet ist wie die beiden ersten. Hier braucht man einen Lehrer oder eine Lehrerin. Es ist im Klett Verlag, Stuttgart, erschienen und kommt als Lehrbuch (Kursbuch), Übungsbuch, Vokabeltrainer usw. infrage.

Wer sich ernsthaft mit Modernem Standardarabisch befassen will, dem sei das Universitätslehrbuch von **Wolfdietrich Fischer und Otto Jastrow: „Lehrgang für die arabische Schriftsprache der Gegenwart“**, Reichert Verlag, Wiesbaden, empfohlen. Als Lehrbuch ist es allen anderen an Genauigkeit überlegen. **W. Fischer** hat auch die beste und ausführlichste Grammatik des Arabischen geschrieben: **„Grammatik des klassischen Arabisch“**, Harrassowitz Verlag, Wiesbaden“. Sie beschreibt jedoch die klassische Schriftsprache und erfüllt deshalb höchste Ansprüche an Gelehrsamkeit.

Eine für Anfänger besser geeignete Grammatik ist **„PONS Grammatik kurz und bündig“.** Auf den etwas mehr als 100 Seiten wird alles Wichtige erklärt. Der PONS Verlag in Stuttgart bietet auch recht gute Vokabellisten und Bücher zum Arabisch Schreiben und Sprechen lernen.

Für die Benutzung von Wörterbüchern im Hocharabischen wird fast immer die Beherrschung der Schrift vorausgesetzt. Doch damit nicht genug, die wirklich ausführlichen Werke sind – arabischer Grammatiktradition folgend – nach den drei Stammkonsonanten geordnet, aus denen jedes Wort besteht. Sie zu erkennen, erfordert beste Kenntnis der Grammatik. Diese Werke sind anspruchsvoll, bieten aber bei jedem Nachschlagen einen Lerneffekt.

Das beste Wörterbuch dieser Art für Arabisch-Deutsch ist der Klassiker von **Hans Wehr: „Arabisches Wörterbuch für die Schriftsprache der Gegenwart“**, Harrassowitz Verlag, Wiesbaden. Für die andere Richtung, also Deutsch ins Arabische ist das Wörterbuch von **Götz Schregle** (Harrassowitz Verlag, Wiesbaden) das bei weitem ausführlichste. Auch hier muss man Arabisch gut lesen können.

Die von den beiden deutschen Sprachverlagen **Langenscheidt** und **PONS** angebotenen Wörterbücher können ohne solch detaillierte Grammatikkenntnisse benutzt werden und sind für Anfänger besser. Sie erscheinen mittlerweile in unterschiedlichen Größen als Universal-, Taschen- oder Praktisches Wörterbuch. Darüber hinaus gibt es derweil Online Wörterbücher und auch Apps für Arabisch. Manche Werke (wie das **PONS Bildwörterbuch Arabisch**) sind aus dem Englischen ins Deutsche übersetzt. Das macht nichts, solange man sich an die englische Aussprache der Lautschrift (*kh* für *ch* oder *j* für *dj*) gewöhnen kann.

Wörterbuch

Nomen stehen in den Wörterlisten immer in der Singular- *(Sg)* und in der Pluralform *(Pl)* – wenn es sie gibt. Die Pluralformen **-ûn** und **-ât** bedeuten, dass der Plural regelmäßig gebildet wird (wie im Kapitel „Nomen und Adjektive“ auf Seite 27 erklärt). Weibliche Nomen sind mit „*(w)*“ gekennzeichnet, alle anderen Nomen sind männlich.

Verben werden in der Grundform, also der Form für „er“ in der Vergangenheit, angeben, als zweites steht die Grundform Gegenwart, die auch die Form für die 3. Person männlich („er“) ist, als drittes folgt, allerdings nur in der Deutsch-Arabischen Wörterliste, die Befehlsform (Imperativ), wenn diese Sinn macht.

Adjektive stehen nur in der männlichen Form. Ist ihre Pluralform unregelmäßig (wird sie also nicht mit **-ûn** oder **-ât** gebildet), wird sie nach der Singularform angegeben.

â ist wie **a** eingeordnet, dasselbe gilt für **î** und **i** sowie für **û** und **u.**

Wörter mit ***ain** als erstem Buchstaben sind unter dem nachfolgenden Buchstaben eingeordnet, z. B. steht ***îd** unter i, so als hieße das Wort „îd". Das gleiche gilt für Wörter, die ein **Hamza** am Wortanfang haben.

„Gatt." ist die Abkürzung für „Gattungsbezeichnung". Vergleiche dazu das Kapitel „Nomen und Adjektive".

„a:" ist die Abkürzung für „auch:". Hier werden weitere Übersetzungsmöglichkeiten angeboten.

Wörterbuch Deutsch – Arabisch

A

Abendessen *asha'
aber lâkin
ablaufen (Gültigk.) inqadâ, yanqadî
Absender mursil
Afrika Ifriqîya *(w)*
Ägypten Misr *(w)*
ähnlich shabîh
Akte milaff
Algerien al-Djazâ'ir *(w)*
alle kull
alles kull shai'
als ob ka'anna
Alter (Lebens-) *umr
Amerika Amrîka *(w)*
Ampel ishârat al-murûr *(w)*
an (örtl.) *inda
andere(r) âchar *(m)*, uchrâ *(w)*
anderer, ein ghairuhu
Angestellter muwazzaf, -ûn
Angst chauf
ängstlich châ'if
ankommen wasala ila, yasilu ila
Anlass (Grund) sabab, asbâb
anprobieren qâsa, yaqîsu, qis!
anstatt badalan
Antwort djauwâb, adjwiba
antworten adjâba, yudjîbu, adjib!
Anwalt muhâmî, -yûn
anwesend maudjûd
anziehen (sich etw.) labisa, yalbasu, ilbas!
Apfel tuffâh *(Gatt.)*
Apotheke saidalîya *(w)*
Aprikose mishmish *(Gatt.)*
Arbeit shughl, ashghâl
arbeiten *amila, ya*malu, i*mal!
archäolog. Stätten athâr
arm faqîr
Arm sa*id, suwâ*id
arme Leute fuqarâ' *(Pl)*
Art (Sorte) nau*, anwâ*
Arzt tabîb, atibbâ'
Asche ramâd
Asien Âsîya *(w)*
Ast far*, furû*
auch aidan
auf *alâ
auf Wiedersehen ma*a as-salâma

Aufenthalt(srecht) iqâma *(w)*, -ât
aufhören tawafaqqa, yatawafaqqu, tawaqqif!
aufschreiben sadjdjala, yusadjdjilu, sadjdjil!
Auge *ain, *uyûn
aus min
außer mâ *adda; a: illâ
außerhalb châridj
Ausfahrt machraj
Ausgang machraj
auslachen dahika *alâ, yadhaku *alâ
Ausland al-châridj
Ausländer adjnabî, adjânib
Ausnahme istithnâ'
ausnutzen istafâda, yastafîdu
ausprobieren djarraba, yudjarribu, djarrib!
Auspuff mâsûra *(w)*
ausrichten (benachrichtigen) achbara, yuchbiru, achbir!
Ausverkauf tasfîya *(w)*
Ausweis bitâqat al-huwîya *(w)*
Auto saiyâra *(w)*, -ât

B

Bäckerei furn, afrân
Bad hammâm, -ât
Bagdad Baghdâd *(w)*
Bahnhof mahatta *(w)*, -ât
Bahrain al-Bahrain *(w)*
Balkon balkûn, -ât
Banane mauz *(Gatt.)*
Bank bank, bunûk
Bär dubb, dibaba
Batterie battârîya *(w)*, -ât
Bauch batn, butûn
Baum shadjar *(Gatt.)*
Bazar sûq, aswâq
Beamter muwazzaf, -ûn
bedanken, sich shakaru *alâ, yashkuru *alâ, ushkur!
bedeuten (heißen) *anâ, ya*nî
Bedeutung ma*nâ
beenden intahâ, yantahî, intahi!
Befehl amr, umûr
befehlen 'amara, ya'muru, u'mur!
bei *inda
Bein sâq *(w)*, sîqân
Beirut Bairût *(w)*
bekannt ma*rûf
benachrichtigen achbara, yachbiru, achbir!
Benzin (normal) benzîn (*âdi)
Berg (Pl: Gebirge) djabal, djibâl
berühmt mash'hûr
beschädigt mutlaf
Bescheinigung shahâda *(w)*, -ât
beschimpfen sabba, yasubbu
Beschwerde shakwâ *(w)*, shakawâ
beschweren, sich ishtakâ, yashtakî, ishtaki!
Besen miknasa *(w)*, makânis
besetzt mashghûl
besetzte Gebiete aradî muhtalla *(w)*
Besitz mulkîya *(w)*
besser ahsan
Bestechung rishwa *(w)*
bestellen talaba, yatlubu, utlub!
betrunken sakrân
Bett sarîr, asirra
Bettuch sharshaf, sharâshif
Bevölkerung as-sukkân
bevor qabla
bezahlen dafa*a, yadfa*u, idfa*!
Bibel al-kitâb al-muqaddas

Bier bîra *(w)*, -ât
Bild (Foto) s̲ûra *(w)*, s̲uwar
billig rachîs̲
Birne (elektr.) lamba *(w)*, -ât
Birne (Frucht) kummat̲h̲râ *(Gatt.)*
bis h̲atta
bis wann? ilâ-mata?
bisschen qalîl
bitte! tafad̲d̲al! *(m)*, tafad̲d̲alî! *(w)*
bitten t̲alaba min, yat̲lubu min, ut̲lub!
bitter murr
Blatt (Papier) waraq *(Gatt.)*
blau azraq *(m)*, zarqâ' *(w)*
bleiben baqiya, yabqâ, ibqa!
Bleistift qalam ras̲âs̲
Blume zahr *(Gatt.)*
Blut damm
Boden ard̲ *(w)*, arad̲î
Botschaft sifâra *(w)*, -ât
brauchen (etw.) ih̲tâdja, yah̲tâdju
braun bunnî *(m)*, -ya *(w)*
Braut *arûs *(w)*, *arâ'is
Bräutigam *arîs, *urus
Bremse farmala, farâmil
Brief risâla *(w)*, rasâ'il
Briefkasten s̲andûq al-barîd
Briefmarke t̲âbi*, t̲awâbi*
Briefträger muwazzi* al-barîd
Briefumschlag z̲arf, z̲urûf
Brille naz̲âra *(w)*, -ât
bringen (jmd.) djalaba, yadjlibu, hât!
Brot chubz
Brücke djisr, djusûr
Bruder ach, ichwa
Buch kitâb, kutub
bunt mulauwan
Burg qal*a *(w)*, qilâ*
Büro maktab, makâtib
Bus bâs̲, bâs̲ât; a: ûtûbîs, -ât
Butter zibda *(w)*

C

Chef mudîr, -ûn
Christ masîh̲î, -yûn
Christentum al-masîh̲îya *(w)*

D

Damaskus Dimashq *(w)*
Dame saiyida *(w)*, -ât
damit min adjli; a: likai
danach ba*da thalika
danke! shukran!
danken shakara, yashkuru, ushkur!
dann t̲h̲umma
dass an, anna
Dattel tamr *(Gatt.)*
Datum târîch
Dauer mudda *(w)*
dauern istamarra, yastamirru
denken fakkara fî, yufakkiru fî, fakkir!
denn li-an
deutsch almânî
Deutsche almânîya *(w)*, -ât
Deutscher almânî, almân
Deutschland Almâniyâ *(w)*
Devisen *umla s̲a*ba *(w)*
Diät radjîm
dick samîn, simân
Dieb lis̲s̲, lus̲ûs̲
diese hâthihî (w, Sg)
diese hâ'ulâ'i *(Pl)*
Diesel mazût

dieser hâthâ (m, Sg)
Ding shai', ashyâ'
Direktor mudîr, -ûn
Dokumente wathâ'iq *(w, Pl)*
Dollar dullâr, -ât
Dorf qarya *(w),* qurâ
dort hunâka; **a:** hunâlika
draußen châridj
du anta *(m),* anti *(w)*
dumm ghabiy
dünn nahîl
Durchfall is'hâl
Durst *atsh
durstig *atshân

E

eben (zeitl.) tauwan
Ehemann zaudj, azwâdj
Ehefrau zaudja *(w),* -ât
Ei baid *(Gatt.)*
Eid qasam, aqsâm
eifersüchtig ghaiyûr
Eigentum mulkîya *(w),* -ât
eilig musta*djil
Einfahrt madchal
einfach sahl
Eingang madchal
einladen da*â, yad*û
Einschreibebrief risâla musadjdjala *(w)*
eintreten dachala, yadchulu, udchul!
einverstanden! muwâfiq!
Eis (Wasser-) thaldj
Eis (Speise-) bûza *(w);* **a:** dandûrma *(w)*
Eisenbahn sikkat hadîd *(w)*
Eisenbahnwagen qitâr, -ât
Empfänger mursal ilaihi
Engel malâk, malâ'ik
Entschuldigung! *afwan!
entweder ... oder ... imma ... au ...
er huwa
erbrechen, sich qâ'a, yaqî'u
Erbsen bâzillâ' *(Gatt.)*
Erinnerung thikr *(Pl)*
Erkältung bard
erklären sharaha, yashrahu, ishrah!
Erlaubnis uthn; **a:** idjâza *(w)*
ermäßigen chaffada, yuchaffidu, chaffid!
Ermäßigung chasm; **a:** tachfîd
ernsthaft djiddî
Esel himâr, hamîr
essen 'akala, ya'kulu, kul!
Essen (Speise) akl; **a:** ta*âm
Essig chall
Etage tâbiq, tawâbiq
etwas shai'; **a:** qalîl
Euphrat al-Furât *(w)*
Europa Ûrubba *(w)*
europäisch ûrubbî

F

fahren (steuern) sâqa, yasûqu, suq!
Fahrer sâ'iq, -ûn
Fahrkarte tathkira *(w),* tathâkir
Fahrpreis udjra *(w)*
Fahrrad darrâdja *(w),* -ât
Fahrstuhl mis*ad, masâ*id
falls ithâ; **a:** inn; **a:** lau
Familie *â'ila *(w),* -ât
Farbe laun, alwân
fasten sâma, yasûmu, sum!

Fasten s̱iyâm
faul (träge) kaslân
feige dj̱abân, dj̱ubanâ'
Fenster shubbâk, shabâbîk;
a: nâfitha *(w)*, -ât
Ferien *uṯla *(w)*, *uṯlât;
a: idj̱âza *(w)*, -ât
fern ba*îd
Fest *îd, a*yâd
Fett saman *(Gatt.)*
Feuer nâr, nîrân
Feuerzeug wallâ*a *(w)*, -ât
Fieber ẖummâ
finden wadj̱ada, yadj̱idu
Firma sharika *(w)*, -ât
Fisch samak *(Gatt.)*, asmâk *(Pl)*
Flasche zudj̱âdj̱a *(w)*, -ât
Fleisch laẖm *(Gatt.)*, luẖûm *(Pl)*
fleißig mudj̱tahid
Fliege thubâb *(Gatt.)*
Flughafen maṯâr, -ât
Flugzeug ṯâ'ira *(w)*, -ât
folglich bin-natîdj̱a *(w)*
Foto s̱ûra *(w)*, s̱uwar
Fotograf mus̱awwir, -ûn
fotografieren s̱awwara,
yus̱awwiru, s̱awwir!
Frage su'âl, as'ila
fragen sa'ala, yas'alu, is'al!
Frau imra'a, nisâ'; **a:** saiyida *(w)*, -ât
Frau (Ehe-) zaudj̱a *(w)*, -ât
Fräulein ânisa *(w)*, -ât
frech qalîl adab
frei ẖurr
Freiheit ẖurrîya *(w)*
fremd adj̱nabî, adj̱ânib
Freund s̱adîq, as̱diqâ'
Friseur ẖallâq, -ûn
früh mubakkir
Frühling rabî*
Frühstück fuṯûr
füllen (auffüllen; z. B. Autotank)
*abbâ, yu*abbî, *abbi!
Fundamentalist s̱alafî, -yûn
für ilâ; **a:** min adj̱li
Furcht chauf
fürchten, sich châfa, yachûfu
Fuß qadam *(w)*, aqdâm

G

Gabel shauka *(w)*, shûkât
Gang (Auto) sur*a *(w)*
Garten ẖadîqa *(w)*, ẖadâ'iq
Gasse ẖâra *(w)*, -ât; **a:** zuqâq,
aziqqa
Gast ḏaif, ḏuyûf
Gebäck (süß) ka*ak *(Gatt.)*
geben a*ṯâ, yu*ṯî, a*ṯi!
Gebet s̱alât *(w)*
Geburtstag *îd milâd, *iyâd milâd
Gedanke fikr *(w)*, afkâr
Geduld s̱abr
Geduld, habe ...! *alâ mahl!
Gefahr chaṯar
gefährlich chaṯîr
Gefallen, tu mir einen ...! if*al lî
ma*rûfan!
Gefallen ma*rûf
Gefängnis sidj̱n, sudj̱ûn
gegen ḏidda
Geheimnis sirr, asrâr
gehen thahaba, yathhabu, ithhab!
gehend (zu Fuß) mâshiyan
geht, es ...! ya*nî!
geizig bachîl
gelb as̱far *(m)*, s̱afrâ' *(w)*
Geld nuqûd; **a:** fulûs
Geldwechsel tas̱rîf *umalîyât

Gemüse chudar *(Pl)*
genau daqîqan; a: bith-thabt
genügen (reichen) kafâ, yakfî
Gepäck amti*a *(w, Pl)*
geradeaus *alâ tûl
Geruch riha *(w)*
gesalzen mumalah
Gesang ghinâ' *(w)*
Geschäft dukkân, dakâkîn
Geschmack thauq
Gesicht wadjh, wudjûh
gestern amsi
Gesundheit sahha *(w)*
Gewicht wazn, auzân
Gewohnheit *âdât *(w)*
Glas ka's *(w)*, ku'ûs
Glaube (relig.) dîn, adyân
gleich mushâbih
Glückwunsch! mabrûk!; tahni'a! *(w)*
Glühbirne lamba *(w)*, -ât
Gott allâh
Gras hashîsh
gratulieren hanna'a, yuhanni'u, hanni'!
grau ramâdî *(m)*, -ya *(w)*
Grenze hudûd *(Sg/Pl)*
griechisch-orthodox rûmî orthothoks
Grippe djrîb
groß kabîr
Größe (Kleidung) qiyâs
Großmutter djadda *(w)*, -ât
Großvater djadd, adjdâd
grün achdar *(m)*, chardâ' *(w)*
Grund (Anlass) sabab, asbâb
Gruß salâm, -ât; a: tahîya *(w)*, -ât
gültig sârî al-maf*ûl
Gummi mattât *(Gatt.)*
Gurke chiyâr *(Gatt.)*
gut djaiyid
gute Nacht! tâbat lailatukum!
guten Morgen! sabâh al-chair!
guten Abend! masa' al-chair!

H

Haar sha*r
haben ladai ... *(+ besitzanzeigende Endung)*
halb nisf
Hälfte nisf
Hals raqba *(w)*, -ât
halt! qif!
Haltestelle mauqif, mawâqif; mahatta *(w)*, -ât
Hammel ghanam
Hand yad, aidin
Handtuch fûta *(w)*, fuwat
hässlich bashi*
Haus bait, buyût
Haut bashara *(w)*
heilig muqaddas
Heirat zauwâdj
heiraten tazawwadja, yatazawwadju,
Heiratsfest *urs
heiß hârr; a: sâchin
helfen sâ*ada, yusâ*idu, sâ*id!
hell dâuwi *(m)*, -ya *(w)*
Herbst charîf
Herr saiyid, sâda
Herz qalb, qulûb
heute al-yaum
heute morgen al-yaum sabahan
hier hunâ
Hilfe musâ*ada *(w)*, -ât
Himmel samâ' *(w)*
hinbringen ausala, yûsilu, ausil!

hinein ilâ ad-dâchil
hinten chalfan
hinter warâ'a
hoch *âli
höflich mu'addab
Höflichkeit adab
holen ahdara, yuhdiru, ahdir!
Holz chashab
Honig *asal
hören sami*a, yasma*u, isma*!
Hose bantalûn, -ât
Hotel funduq, fanâdiq
Huhn dudjâdj *(Gatt.)*
Hund kalb, kilâb
Hunger djû*
hungrig djau*ân
Hupe âlat at-tanbîh
Husten su*âl
Hut qubba*a *(w)*, -ât

I

ich anâ
Idiot machbûl, machâbil
immer dâ'iman
in fî
Ingenieur muhandis, -ûn
innerhalb dâchil
intelligent thakiy
Intelligenz thakâ'
interessant djadîr bil-ihtimâm
Irak al-*Iraq *(w)*
Iran al-Îrân *(w)*
irgendetwas shai' mâ
irgendwo fî makân mâ
irren, sich achta'a, yuchti'u
Islam islâm
Israel Isrâ'îl *(w)*

J

ja na*am
Jacke sutra *(w)*, -ât;
Jahr sana *(w)*, sanawât
Jahreszeit fasl, fusûl
jede ... kull ...
jeder kull wâhid
jederzeit fî kull waqt
jemand ahad; a: shachs
Jemen al-Yaman *(w)*
jene(r) thalika *(m)*, tilka *(w)*
jene ûlâ'ika *(Pl)*
Jerusalem al-Quds *(w)*
jetzt al-ân
Joghurt laban râ'ib
Jordanien al-Urdun *(w)*
Jude yahûdî, yahûd
jung saghîr bis-sinn; a: shâbb
Junge walad, aulâd
junger Mann shâbb, shabbâb

K

Kaffee qahwa *(w)*
Kairo al-Qâhira *(w)*
Kalender natîdja *(w)*, natâ'idj
kalt bârid
Kälte bard
Kamel djamal, djimâl;a: ibl *(Gatt.)*
Kamm musht, amshât
kämpfen kâfah, yukâfih, kâfih!
Kartoffel batâtâ *(Gatt.)*
Käse djubna *(w)*
Kasten sandûq, sanâdîq
Katholik kathûlîkî, -yûn
Katze qitta *(w)*, -ât
kaufen ishtarâ, yashtarî, ishtari!

Kaufmann tâdjir, tudjdjâr
kein ... lâ ...
keiner lâ ahad
Kellner garsûn
kennen *arafa, ya*rifu
kennen lernen (jmd.) ta*arrafa, yata*arrifu
Kerze sham*a *(w)*, shumû*
Kette silsila *(w)*, salâsil
Kind walad, aulâd
Kino sînima *(w)*, -ât
Kirche kanîsa *(w)*, kanâyis
Kirsche karaz *(Gatt.)*
Klasse (Schule) saff, sufûf
Klasse (Zug) daradja *(w)*, -ât
Kleid fistân, fasatîn
Kleidung malâbis
klein saghîr
Kleingeld *umla saghîra *(w)*
Klingel djaras, adjrâs
klopfen daqqa, yaduqqu, duqq!
Knie rukba *(w)*, rukab
Knoblauch thûm *(Gatt.)*
Knopf zirr, azrâr
kochen tabacha, yatbuchu, utbuch!
Kochtopf tandjar, tanâdjir
Koffer haqîba *(w)*, haqâ'ib
Kollege zamîl, zumalâ'
kommen djâ'a, yadjî'u, tâ*ala! *(m)* / tâ*alî! *(w)*
kompliziert sa*ab
können istatâ*a, yastatî*u
Konsulat qunsulîya *(w)*, -ât
Kopf ra's, ru'ûs
Koran qur'ân
Korn habb, hubûb
Kosten takâlîf *(Pl)*
köstlich lathîth
krank marîd
Krankenhaus mustashfâ *(w)*, -yât
Krankheit marad, amrâd
Kreuzung (Straße) mafraq, mafâriq
Küche matbach, matâbich
Kuchen gâtô
Kugelschreiber qalam nâshif
Kuh baqar *(Gatt.)*
Kultur thaqâfa *(w)*, thaqâ'if
Kupplung dubriyâdj; a: ta*shîqa *(w)*
Kurs (Sprach-) daura *(w)*, -ât
kurz qasîr
Kuss qubla *(w)*, -ât
küssen qabbala, yuqabbilu
Kuweit al-Kuwait *(w)*

L

lachen dahika, yadhaku, idhak!
Laden dukkân, dakâkîn
Lampe misbâh, masâbîh
Land bilâd, buldân
lang tawîl
langsam bi-hudu'
langsam (Eigensch.) batî*
langsam, mach ...! *alâ mahlika/-ki! *(m/w)*
lassen taraka, yatruku, utruk!
laufen rakada, yarkudu, urkud!
leben *âsha, ya*îshu
Leben haiyât *(w)*
Lebensmittel aghthîya *(w)*
Lebensmittelladen biqâla *(w)*, -ât
Leder djild
ledern djildî
leer (Ort) fâdî; a: châlî
legen wada*a, yadi*u, di*!
Lehrer mudarris, -ûn

Leid, das tut mir ...! ana âsif/âsifa! *(m/w)*
leicht (Gewicht) chafîf
leihen, sich ista*âra, yasta*îru
lesen qara'a, yaqra'u, iqra'!
letzter âchir
letzte, der al-achîr
Libanon Lubnân *(w)*
Libyen Lîbîyâ *(w)*
Licht dau'
lieb (nett) latîf
lieben ahabba, yuhibbu
Linie (Strich) chatt, chutut
links yasâran
Lippe shiffa *(w)*, shafâyif
Löffel mil*aqa *(w)*, malâ*iq
los! yallah!
Luftpost, per bil-barîd al-djâwi
Lüge kithb
lügen kathaba, yakthibu, ikthib!
Lügner kaththâb, -ûn
lustig mud'hik

M

machen fa*ala, yaf*alu, if*al!
macht nichts! lâ yuhimmuka / -ki! *(m/w)*
Mädchen bint *(w)*, banât
Magen ma*ida *(w)*
Mal (z. B. erstes ...) marra *(w)*, -ât
manchmal ahyânan
Mann radjul, ridjâl
Marmelade murabbâ
Marokko al-Maghrib *(w)*
Märtyrer shahîd, shuhada
Mauretanien Mauritânîya *(w)*
Maus fa'r, fi'rân
Medikament dawâ', adwîya
Meer bahr
Mehl tahîn; a: daqîq
mehr akthar
meinen *anâ, ya*nî
Meinung ra'î
Mensch insân, nâs
merkwürdig *adjîb
Messer sakkîn, sakâkîn
Miete îdjâr
Milch halîb; a: laban
Militär al-djaish
militärisch *askarî
Minister wazîr, wuzarâ'
Minute daqîqa *(w)*, daqâ'iq
mit ma*a
Mittag zuhr
Mittagessen ghadâ'
Mitte wasat
mittelmäßig mutauwasit
Mobiltelefon hâtif mahmûl
mögen ahabba, yuhibbu
Monat shahr, ashhur
Mond qamar, aqmâr
morgen (folg. Tag) ghad
Morgen (Tageszeit) sabah
Moschee djâmi*, djawâmi*
Moskito nâmûs *(Gatt.)*, nâwâmîs *(Pl)*
Moslem muslim, -ûn
Motor motôr, -ât
Motorrad darrâdja *(w)* -ât; a: motôsîkl, -ât
Mücke nâmûs *(Gatt.)*, nâwâmîs *(Pl)*
müde ta*bân
Müdigkeit ta*b
Müll qumâma *(w)*; a: zubâla *(w)*
müssen lâzim
Mutter umm *(w)*, ummahât

N

nach (zeitl.) ba*da
nach (örtl.) ilâ
nachdem ba*da thalika
Nachricht chabar, achbâr
nahe qarîb
Nähe qurb
Name ism, asmâ'
Nase anf, unûf
nass mablûl
Nation umma *(w)*, ummam;
a: watan, autân
Natur tabî*a
nehmen 'achatha, ya'chuthu, chud!
neidisch hâsid, hussâd
nein lâ
Nest *ushsh, *ishâsh
nichts lâ shai'
niemals abadan
niemand lâ ahad
nirgends lâ fî makân
noch aidan
nochmals marratan uchrâ
Norden shamâl
notwendig durûrî
Nummer raqm, arqâm
nur faqat

O

Oase wâha *(w)*, -ât
oben fauqa
Obst fawâkih *(w, Pl)*
obwohl ma*a anna
oder au; a: am
offen maftûh
offiziell rasmî
öffnen fataha, yaftahu, iftah!
ohne bidûni
Ohr uthun, athân
Öl (Erd-) naft
Öl (Speise-) zait
Olive zaitûn *(Gatt.)*
Oman *Umân *(w)*
Onkel (Bruder des Vaters)
*amm, a*mâm
Onkel (Bruder der Mutter) châl,
achwâl
Orange burtuqâl *(Gatt.)*
Ort (Ortschaft) balad, bilâd
Ort (Platz) makân, amkina
Osten sharq

P

paar, ein ... ba*d ...
Paar zaudj
Paket tard, turûd
Palästina Filastîn *(w)*
Palästinenser filastînî, -yûn
palästinensisch filastînî
Park(anlage) bustân, basâtîn
Partner sharîk, shurakâ'
Pass djawâz as-safr, djawâzât
as-safr
passieren *arada, ya*ridu
Persien al-Îrân *(w)*
Person shachs, ashchâs
Pfeffer fulful
Pferd (Hengst) hisân, ahsina
Pferd (Stute) faras *(w)*, afrâs
Pferde (allg.) chail *(Gatt.)*
Pfirsich darrâq *(Gatt.)*
Pflanze nabât, nabâtât
Pflaume chauch *(Gatt.)*
Pilz futr *(Gatt.)*

platt (Reifen) munthakab
Platz (in der Stadt) sâha *(w)*, -ât
Platz (Ort) makân, amkina
Polizei shurta *(w)*
Polizist shurtî, -yûn
Post barîd
Postamt maktab al-barîd
Präservativ kabbûd, kabâbîd
Preis si*r, as*âr; a: thaman, athmân
pro Person/Kopf *alâ ar-ra's
Problem mushkila *(w)*, mashâkil
profitieren (von) istafâda, yastafîdu
Prophet nâbîy, anbîyâ'
Protestant brutastântî, -yûn
Prüfung fahs, fuhûs
Pumpe (Reifen-) minfâch, manâfîch

Q

Qatar Qatar *(w)*
Qualm duchân
Quitte safardjal *(Gatt.)*
Quittung wasl, wusûl

R

Radiergummi mahhâya *(w)*, -ât
Radieschen fudjl *(Gatt.)*
Rand hâffa *(w)*, -ât
Ratte djurath, djurthân
rauchen dachchana, yudachchinu, dachchin!
Rechnung hisâb, -ât
Recht, du hast ...! ma*aka al-haqq!
rechts yamînan
Regen matar, amtâr
reich ghaniy
reiche Leute aghniyâ' *(Pl)*
reichen (genügen) kafâ, yakfî
reicht, es ...! hasbuka!
Reifen itâr, -ât
Reis ruzz, aruzza
Reise rihla *(w)*, -ât
reisen sâfara, yusâfiru, sâfir!
Reisender musâfir, -ûn
Reiseschecks shîkât siyâhîya
Reißverschluss sûsta *(w)*, -ât
Religion dîn, adyân
Reparatur taslîh, -ât
reparieren sallaha, yusallihu, sallih!
Restaurant mat*am, matâ*im
Rezept (Arzt-) wasfa *(w)*, -ât
richtig sahîh
Richtung ittidjâh, -ât
Rindfleisch lahm *ijl
ringsherum haula
rot ahmar *(m)*, hamrâ' *(w)*
Rückkehr *auda *(w)*

S

Sache shai', ashyâ'
sagen qâla, yaqûlu, qul!
Salz milh
Sandsturm *âsifa ramlîya, *awâsif ramlîya
satt shab*ân
sauber nazîf
säubern nazzafa, yunazzifu, nazzif!
Saudi-Arabien as-Sa*ûdîya *(w)*
sauer (Speise) hâmid
Schaden darar, adrâr
Schalter (Amt) shubbâk, shabâbîk

schämen, sich istahyâ, yastahî, istihî!
scharf (Gewürz) hâdd
Scheck shîk, -ât
Scheich shaich, shuyûch
Schere miqass, -ât
Scherz muzah
schicken arsala, yursilu, arsil!
Schiff safîna (w), sufun
Schiit shî*î, -yûn
Schirm (Regen-) mizalla (w), -ât
Schirm (Sonnen-) shamsîya (w), -ât
Schlaf naum
schlafen nâma, yanâmu, nim!
Schlaganfall sikta qalbîya (w)
schlagen daraba, yadrubu, udrub!
Schlange thu*bân, tha*âbîn
schlecht (Bewertg.) saiyi'
schließen aghlaqa, yughliqu, aghliq!
Schloss (Tür-) qufl, aqfâl
Schlüssel miftah, mafâtih
schmackhaft lathîth
Schmerz alm
schmerzen 'âlama, yu'limu
schmutzig wasich
Schnee thalj
schneiden qatara, yaqtaru, iqtar!
schnell sarî*
schnell, mach ...! bi sur*a!
schön djamîl
Schrank chizâna (w), chazâ'in
Schraube burghî, barâghî
Schraubenschlüssel miftah samûla
Schraubenzieher mifakk
schreiben kataba, yaktubu, uktub!
Schuh (Frauen-) hithâ', ahthiya
schuld, du bist ...! ath-thanb *alaika/-ki! (m/w)
schwach (Dinge) chafîf
schwach (Personen) da*îf
schwanger hâmil
schwarz aswad (m), sauda' (w)
Schwein chinzîr, chanâzir
Schweiz Swîsrâ (w)
schwer (Gewicht) thaqîl
Schwester ucht (w), achawât
schwierig sa*ab
Schwur qasam, aqsâm
sehen ra'â, yarâ, ra!
sehr djiddan
Seife sabûn (Gatt.)
sei ...! kun/kûnî ...! (m/w)
seit wann? munthu mata?
seit munthu
Seite (Buch) safha (w), -ât
Seite (Flanke) djanib, djawânib
Semester fasl, fusûl
Senf chardal
setzen, sich adjlasa, yudjlisu, adjlis!
sie (Sg) hiya
sie (Pl) hum (m), hunna (w)
Sie (ihr) antum (m), antunna (w)
Sitte, Tradition taqalîd; a: *âdât (w)
sitzen djalasa, yadjlisu, idjlis!
Sitzung djalsa (w), -ât
sogar hatta
Sohn ibn, abnâ'
solange ma dâma
Soldat djundî, djunûd
sollen lazima an, yalzamu
Sommer saif, asyâf
sondern bal
Sonne shams, shumûs
Sorte (Art) nau*, anwâ*
spät (zu spät) muta'achchir
Sprache lugha (w), lughât

sprechen takallama, yatakallamu, itkallam!
Spritze huqna *(w)*, huqan
Staat daula *(w)*, duwal
staatlich hukûmî
Stadt madîna *(w)*, mudun
stark qâwî
Staub ghubâr
stehen waqafa, yaqifu, qif!
stehen, bleib ...! qif! *(m)*, qifî! *(w)*
stehlen saraqa, yasruqu
Stempel chatam, chutûm
sterben mâta, yamûtu
steril (keimfrei) mu*aqqam
Stern nadjm, nudjûm
Stiefel djazma *(w)*, -ât
Stoff, Textil qumâsh, aqmisha
Straße shâri*, shawâri*
Streichhölzer kibrît
Strich (Linie) chatt, chutut
Stück qit*a *(w)*, qita*
Student tâlib, tullâb
Stuhl kursî, karâsi
stumm achras
Sturm *âsifa *(w)*, *awâsef
suchen bahatha *an, yabhathu, ibhath!
Sudan as-Sûdân *(w)*
Süden djunûb
Superbenzin mumtâz
süß huluw
Süßigkeiten halawîyât
Syrien as-Sûrîya *(w)*
syrisch-orthodox siriân

T

Tabak tabagh
Tablett sînîya *(w)*, sawânî
Tablette qurs, aqrâs
Tag yaum, aiyâm
Tag (Ggs.: Nacht) nahr, anhâr
Tal wâdî, audîya
Tank (z. B. Auto-) chazzân, chazâzîn
Tankstelle mahattat benzîn *(w)*
Tante (Schwester der Mutter) châla *(w)*, -ât
Tante (Schwester des Vaters) *amma *(w)*, -ât
tanzen raqasa, yarqusu, urqus!
Tasche shanta, shunat
Tasche (Hosen-) djaib, djuyûb
Taschentuch mandîl, manâdîl
taub atrâsh
Taube hammâm *(Gatt.)*
Taxi taksi
Techniker muhandis, -ûn
Tee shâi
Telefon hâtif, hawâtif
telefonieren ittasala, yattasilu, ittasil!
Telegramm barqîya *(w)*, -ât
Teller sahn, suhûn
Teppich sadjdjâda *(w)*, sadjâdjîd
teurer aghlâ
tief *amîq
Tier haiwân, -ât
Tigris ad-Dadjla *(w)*
Tisch tawîla *(w)*, -ât
Tochter bint *(w)*, banât
Toilette tuwalît, -ât
Toilettenpapier manâdîl tuwalît
tragen hamala, yahmilu, ihmil!
Treffpunkt mau*id, mawâ*id
Treppe daradj, adrâdj
treu muchlis
trinken shariba, yashrabu, ishrab!
Trinkgeld baqshîsh

trotzdem ma*a thalika
Tunesien Tûnis *(w)*
Tür bâb, abwâb
Türkei Turkîya *(w)*

U

überall fî kull makân
überlegen fakkara, yufakkiru, fakkir!
übersetzen tardjama, yutardjimu, tardjim!
Uhr sâ*a *(w)*, -ât
Uhrzeit sâ*a *(w)*
und wa, w-
Unfall hâdith, hawâdith
unhöflich qalîl adab
unreif (Früchte) fidjdj
unten taht
unter tahta
Unterschied farq, furûq
Unterschrift tauqî*, tawâqi*
Untersuchung (Arzt) kashf
Untersuchung (Zoll) taftîsh, tafâtîsh
unterwegs *alâ at-tarîq
Urin baul
Urlaub idjâza *(w)*

V

Vater ab, âbâ'
Ventilator tahwîya *(w)*, -ât
verantwortlich mas'ûl
Vereinigte Arab. Emirate al-Amîrât al-muttahida
verboten mamnû*
verkaufen bâ*a, yabî*u, bi*!
verheiratet mutazauwidj
verlangen talaba, yatlubu, utlub!
verlängern maddada, yumaddidu
verlassen taraka, yatruku, utruk!
verletzt madjrûh
Verletzter madjrûh, -ûn
verlieben, sich *ashiqa, ya*shaqu
verlieren faqada, yafqidu
verschenken ahdâ, yuhdî
Versicherung ta'mîn
Verspätung ta'chîr, -ât
versprechen wa*ada, ya*idu, *id!
verstanden! mafhûm!
verstehen fahima, yafhamu, ifham!
Vertrag *aqd, *uqûd
Verwandte aqârib *(Pl)*
viel kathîr
Viertel, ein rub*a
Viertel (Stadt-) haiy, ahyâ'
Visum vîsa *(w)*, -ât; a: ta'shira *(w)*, -ât
Vogel tair, tuyûr
Volk sha*ab, shu*ûb
voll (gefüllt) mal'ân
von min
vorgestern auwala amsi
vorig mâdî
voriges Jahr as-sanna al-mâdîya
vorn muqaddim
Vorsicht! ihtaris!
vorsichtig hathir
vorsichtig, sei ...! kun hathiran! *(m)*, kûnî hathiratan *(w)*

W

wach sâhî
Wagen *araba *(w)*, -ât

wählen ichtâra, yachtâru, ichtar!
wahr sahîh
Wahrheit haqîqa *(w)*, haqâ'iq
Wald ghâba *(w)*, -ât
wann? mata?
war (Verb) kâna, yukûnu, kun!
warm (Dinge) sâchin
warm (Wetter, Luft) hârr
warten intazara, yantaziru, intazir!
warum? limâthâ?
was? mâthâ?
waschen (etw./jmd.) ghasala, yaghsilu, ighsil!
waschen, sich istahamma, yastahammu, istahmim!
Wasser mâ'
Wasserhahn hanâfîya *(w)*, -ât
Wassermelone battîch *(Gatt.)*
Watte qutun tibbî
wechseln (Geld) sarrafa, yusarrifu, sarrif!
wechseln (etw.) ghayyar, yughayyiru, ghayyir!
Weg tarîq, turuq
wegen bi-sabab
weil li'anna
Wein (Getränk) chamr
Wein (Trauben) *inab *(Gatt.)*
weiß abyad *(m)*, baida' *(w)*
weit ba*îd
welche(r, -s) aiy *(m)*, aiya *(w)*
Welt *âlam
wenig qalîl
wenn (zeitlich) *indamâ
wenn (falls) ithâ; a: inn
wer? man?
werden asbaha, yusbihu
Werkstatt warsha *(w)*, wurash
Wert qîma *(w)*
weshalb? limâthâ?
Westen gharb
westlich gharbî
Wetter taqs
wichtig muhimm
wie (Vergleich) mithla
wie? kaifa?
wieder aidan
wieso? limâthâ?; a: kaifa?
wieviel? kam?
wieviel kostet …? bikam?
Wind rîh
Winter shittâ'
wir nahnu
wissen *alima, ya*lamu, i*lam!
wo? aina?
wofür? limâthâ?
woher? min-aina?
wohin? ilâ-aina?
wohnen sakana, yaskunu
Wohnung manzil, manâzil
wollen arâda, yurîdu
Wort kalima *(w)*, -ât
Wunde djurh, djurûh
Wüste sahrâ'

Z

zählen *adda, ya*uddu
Zahn sinn, asnân
Zahnbürste furshat asnân, furshât asnân
zeigen arâ, yurî, ari!
Zelt chaima *(w)*, chiyam
zelten chaiyam, yuchaiyimu
zerbrechen kasara, yaksiru
zerbrochen mukassar
zerstören charaba, yachrabu
Zeuge shâhid, shuhûd

Zigarette sîgâra *(w)*, sagâyir
Zimmer ghurfa *(w)*, ghuraf
Zoll djumruk; a: djamârik
Zöllner djumruki, -yûn
Zucker sukkar
zufrieden mabsût
Zündkerze sham*a ihtirâq *(w)*
Zunge lisân, alsun
zurück ilâ al-chalf
Zylinder (Auto) silinder, -ât
Zypern Qubrus *(w)*

Wörterbuch Arabisch – Deutsch

A

ab, âbâ' Vater
abadan niemals
*abbâ, yu*abbî (auf)füllen (z. B. Autotank)
ach, ichwa Bruder
âchar *(m)*, uchrâ *(w)* andere(r)
'achatha, ya'chuthu nehmen
achbara, yachbiru benachrichtigen, ausrichten
âchir letzter
achras stumm
achta'a, yuchti'u sich irren
adab Höflichkeit
*âdât *(w)* Sitte, Tradition, Gewohnheit
*adda, ya*uddu zählen
ad-Dadjla *(w)* Tigris
adjâba, yudjîbu antworten
*adjîb merkwürdig
adjlasa, yudjlisu sich setzen
adjnabî, adjânib fremd; Ausländer
*afwan! Entschuldigung!
aghlâ teurer
aghlaqa, yughliqu schließen
aghniyâ' *(Pl)* reiche Leute
aghthîya *(w)* Lebensmittel
ahabba, yuhibbu mögen, lieben
ahad jemand
ahdâ, yuhdî verschenken
ahdara, yuhdiru holen
ahsan besser
ahyânan manchmal
aidan wieder; noch; auch
*â'ila *(w)*, -ât Familie
*ain, *uyûn Auge
aina? wo?
aiy *(m)*, -a *(w)* welche(r)
'akala, ya'kulu essen
akl Essen (Speise)
akthar mehr
*alâ auf
*alâ ar-ra's pro Person/Kopf
*alâ at-tarîq unterwegs
*alâ mahl! habe Geduld!
*alâ mahlika/-ki! *(m/w)* mach langsam!
*alâ tûl geradeaus
al-achîr der letzte
*âlam Welt
'âlama, yu'limu schmerzen
al-Amîrât al-muttahida Vereinigte Arabische Emirate
al-ân jetzt
âlat at-tanbîh Hupe
al-Bahrain *(w)* Bahrain
al-châridj Ausland

al-djaish Militär
al-Djazâ'ir _(w)_ Algerien
al-Furât _(w)_ Euphrat
*âli hoch
*alima, ya*lamu wissen
al-Îrân _(w)_ Persien, Iran
al-*Iraq _(w)_ Irak
al-kitâb al-muqaddas Bibel
al-Kuwait _(w)_ Kuweit
allâh Gott
alm Schmerz
al-Maghrib _(w)_ Marokko
almânî deutsch
almânî, almân Deutscher
almânîya _(w)_, -ât Deutsche
Almâniyâ _(w)_ Deutschland
al-masîhîya _(w)_ Christentum
al-Qâhira _(w)_ Kairo
al-Quds _(w)_ Jerusalem
al-Urdun _(w)_ Jordanien
al-Yaman _(w)_ Jemen
al-yaum heute
al-yaum sabahan heute morgen
am oder
'amara, ya'muru befehlen
*amila, ya*malu arbeiten
*amîq tief
amr, umûr Befehl
Amrîka _(w)_ Amerika
amsi gestern
amti*a (w, Pl) Gepäck
an dass
anâ ich
ana âsif/-a! _(m/w)_ das tut mir Leid!
*anâ, ya*nî meinen, bedeuten, heißen
anf, unûf Nase
ânisa _(w)_, -ât Fräulein
anna dass
anta _(m)_ du

anti _(w)_ du
antum _(m)_ ihr, Sie
antunna _(w)_ ihr, Sie
aqârib _(Pl)_ Verwandte
*aqd, *uqûd Vertrag
arâ, yurî zeigen
*araba _(w)_, -ât Wagen
*arada, ya*ridu passieren
arâda, yurîdu wollen
aradî muhtalla _(w)_ besetzte Gebiete
*arafa, ya*rifu kennen
ard _(w)_, aradî Boden
*arîs, *urus Bräutigam
arsala, yursilu schicken
*arûs _(w)_, *arâ'is Braut
*asal Honig
asbaha, yusbihu werden
*âsha, ya*îshu leben
*ashâ' Abendessen
*ashiqa, ya*shaqu sich verlieben
*âsifa _(w)_, *awâsef Sturm
*âsifa ramlîya Sandsturm
Âsîya _(w)_ Asien
*askarî militärisch
asmâk _(Pl)_ Fisch
as-sanna al-mâdîya voriges Jahr
as-Sa*ûdîya _(w)_ Saudi-Arabien
as-Sûdân _(w)_ Sudan
as-sukkân Bevölkerung
as-Sûrîya _(w)_ Syrien
a*tâ, yu*tî geben
athâr archäologische Stätten
atrâsh taub
*atsh Durst
*atshân durstig
au oder
*auda _(w)_ Rückkehr
ausala, yûsilu hinbringen
auwala amsi vorgestern

B

bâ*a, yabî*u verkaufen
bâb, abwâb Tür
bachîl geizig
ba*d ... ein paar ...
ba*da nach (zeitl.)
ba*da thalika danach, nachdem
badalan anstatt
Baghdâd *(w)* Bagdad
bahatha *an, yabhathu suchen
bahr Meer
ba*îd weit, fern
baid *(Gatt.)* Ei
Bairût *(w)* Beirut
bait, buyût Haus
bal sondern
balad, bilâd Ort (Ortschaft)
balkûn, -ât Balkon
bank, bunûk Bank
bantalûn, -ât Hose
baqar *(Gatt.)* Kuh
baqiya, yabqâ bleiben
baqshîsh Trinkgeld
bard Kälte; Erkältung
barîd Post
bârid kalt
barqîya *(w)*, -ât Telegramm
bâs, bâsât Bus
bashara *(w)* Haut
bashi* hässlich
batâtâ *(Gatt.)* Kartoffel
batî* langsam (Eigenschaft)
batn, butûn Bauch
battârîya *(w)*, -ât Batterie
battîch *(Gatt.)* Wassermelone
baul Urin
bâzillâ' *(Gatt.)* Erbsen
benzîn (*âdi) Benzin (normal)
bi sur*a! mach schnell!
bidûni ohne
bi-hudu' langsam
bikam? wie viel kostet?
bilâd, buldân Land
bil-barîd al-djâwi per Luftpost
bin-natîdja *(w)* folglich
bint *(w)*, banât Mädchen
bint *(w)*, banât Tochter
biqâla *(w)*, -ât Lebensmittelladen
bîra *(w)*, -ât Bier
bi-sabab wegen
bitâqat al-huwîya *(w)* Ausweis
bith-thabt genau
brutastântî, -yûn Protestant
burghî, barâghî Schraube
burtuqâl *(Gatt.)* Orange
bustân, basâtîn Park(anlage)
bûza *(w)* (Speise-)Eis

C

chabar, achbâr Nachricht
châfa, yachûfu sich fürchten
chaffada, yuchaffidu ermäßigen
chafîf schwach (Dinge); leicht (Gewicht)
châ'if ängstlich
chail *(Gatt.)* Pferde (allg.)
chaima *(w)*, chiyam Zelt
chaiyam, yuchaiyimu zelten
chalfan hinten
châlî leer (Ort)
chall Essig
chamr Wein (Getränk)
charaba, yachrabu zerstören
chardal Senf
châridj draußen, außerhalb
charîf Herbst

chashab **Holz**

chasm **Ermäßigung**

chatam, chutûm **Stempel**

chatar **Gefahr**

chatîr **gefährlich**

chatt, chutut **Strich, Linie**

chauch *(Gatt.)* **Pflaume**

chauf **Furcht, Angst**

chazzân, chazâzîn **Tank (z. B. Autotank)**

chinzîr, chanâzir **Schwein**

chiyâr *(Gatt.)* **Gurke**

chizâna *(w)*, chazâ'in **Schrank**

chubz **Brot**

chudar *(Pl)* **Gemüse**

D

da*â, yad*û **einladen**

dachala, yadchulu **eintreten**

dachchana, yudachchinu **rauchen**

dâchil **innerhalb**

dafa*a, yadfa*u **bezahlen**

dahika, yadhaku **lachen**

dahika *alâ, yadhaku *alâ **auslachen**

da*îf **schwach (Person)**

daif, duyûf **Gast**

dâ'iman **immer**

damm **Blut**

dandûrma *(w)* **(Speise-)Eis**

daqîq **Mehl**

daqîqa *(w)*, daqâ'iq **Minute**

daqîqan **genau**

daqqa, yaduqqu **klopfen**

daraba, yadrubu **schlagen**

daradj, adrâdj **Treppe**

daradja *(w)*, -ât **Klasse (Zug)**

darar, adrâr **Schaden**

darrâdja *(w)*, -ât **Fahr-/Motorrad**

darrâq *(Gatt.)* **Pfirsich**

dau' **Licht**

daula *(w)*, duwal **Staat**

daura *(w)*, -ât **(Sprach)Kurs**

dâuwi *(m)*, -ya *(w)* **hell**

dawâ', adwîya **Medikament**

didda **gegen**

Dimashq *(w)* **Damaskus**

dîn, adyân **Religion, Glaube (relig.)**

djâ'a, yadjî'u **kommen**

djabal, djibâl **Berg (Pl: Gebirge)**

djabân, djubanâ' **feige**

djadd, adjdâd **Großvater**

djadda *(w)*, -ât **Großmutter**

djadîr bil-ihtimâm **interessant**

djaib, djuyûb **Tasche (Hosen-)**

djaiyid **gut**

djalaba, yadjlibu **bringen (jmd.)**

djalasa, yadjlisu **sitzen**

djalsa *(w)*, -ât **Sitzung**

djamal, djimâl **Kamel**

djamârik **Zoll**

djâmi*, djawâmi* **Moschee**

djamîl **schön**

djanib, djawânib **Seite (Flanke)**

djaras, adjrâs **Klingel**

djarraba, yudjarribu **ausprobieren**

djau*ân **hungrig**

djauwâb, adjwiba **Antwort**

djawâz, -ât as-safr **Pass**

djazma *(w)*, -ât **Stiefel**

djiddan **sehr**

djiddî **ernsthaft**

djild **Leder**

djildî **ledern**

djisr, djusûr **Brücke**

djrîb **Grippe**

djû* **Hunger**

djubna *(w)* Käse
djumruk Zoll
djumruki, -yûn Zöllner
djundî, djunûd Soldat
djunûb Süden
djurath, djurthân Ratte
djurh, djurûh Wunde
dubb, dibaba Bär
dubriyâdj Kupplung
duchân Qualm
dudjâdj *(Gatt.)* Huhn
dukkân, dakâkîn Geschäft, Laden
dullâr, -ât Dollar
durûrî notwendig

F

fa*ala, yaf*alu machen
fâdî leer (Ort)
fahima, yafhamu verstehen
fahs, fuhûs Prüfung
fakkara, yufakkiru überlegen
fakkara fî, yufakkiru fî denken (an)
faqada, yafqidu verlieren
faqat nur
faqîr arm
fa'r, fi'rân Maus
far*, furû* Ast
faras *(w)*, afrâs Pferd (Stute)
farmala, farâmil Bremse
farq, furûq Unterschied
fasl, fusûl Jahreszeit; Semester
fataha, yaftahu öffnen
fauqa oben
fawâkih *(w, Pl)* Obst
fî in
fî kull makân überall
fî kull waqt jederzeit
fî makân mâ irgendwo
fidjdj unreif (Früchte)
fikr *(w)*, afkâr Gedanke
Filastîn *(w)* Palästina
filastînî palästinensisch
filastînî, -yûn Palästinenser
fistân, fasatîn Kleid
fudjl *(Gatt.)* Radieschen
fulful Pfeffer
fulûs Geld
funduq, fanâdiq Hotel
fuqarâ' *(Pl)* arme Leute
furn, afrân Bäckerei
furshat asnân Zahnbürste
fûta *(w)*, fuwat Handtuch
futr *(Gatt.)* Pilz
futûr Frühstück

G

garsûn Kellner
gâtô Kuchen
ghâba *(w)*, -ât Wald
ghabiy dumm
ghad morgen (folg. Tag)
ghadâ' Mittagessen
ghairuhu ein anderer
ghaiyûr eifersüchtig
ghanam *(Gatt.)*
ghaniy reich
gharb Westen
gharbî westlich
ghasala, yaghsilu waschen
ghayyar, yughayyiru wechseln (etw.)
ghinâ' *(w)* Gesang
ghubâr Staub
ghurfa *(w)*, ghuraf Zimmer

H

habb, hubûb **Korn**
hâdd **scharf (Gewürz)**
hadîqa *(w)*, hadâ'iq **Garten**
hâdith, hawâdith **Unfall**
hâffa *(w)*, -ât **Rand**
haiwân, -ât **Tier**
haiy, ahyâ' **Viertel (Stadt-)**
haiyât *(w)* **Leben**
halawîyât **Süßigkeiten**
halîb **Milch**
hallâq, -ûn **Friseur**
hamala, yahmilu **tragen**
hâmid **sauer (Speise)**
hâmil **schwanger**
hammâm *(Gatt.)* **Taube**
hammâm, -ât **Bad**
hanâfîya *(w)*, -ât **Wasserhahn**
hanna'a, yuhanni'u **gratulieren**
haqîba *(w)*, haqâ'ib **Koffer**
haqîqa *(w)*, haqâ'iq **Wahrheit**
hâra *(w)*, -ât **Gasse**
hârr **warm, heiß (Wetter, Luft)**
hasbuka! **es reicht!**
hashîsh **Gras**
hâsid, hussâd **neidisch**
hâthâ *(m, Sg)* **dieser**
hâthihî *(w, Sg)* **diese**
hathir **vorsichtig**
hâtif, hawâtif **Telefon**
hatta **sogar; bis**
haula **ringsherum**
hâ'ulâ'i *(Pl)* **diese**
himâr, hamîr **Esel**
hisâb, -ât **Rechnung**
hisân, ahsina **Pferd (Hengst)**
hithâ', ahthiya **Schuh (Frauen-)**
hiya **sie** *(Sg)*
hudûd *(Sg/Pl)* **Grenze**
hukûmî **staatlich**
huluw **süß**
hum *(m)* **sie** *(Pl)*
hunna *(w)* **sie** *(Pl)*
hummâ **Fieber**
hunâ **hier**
hunâka **dort**
hunâlika **dort**
huqna *(w)*, huqan **Spritze**
hurr **frei**
hurrîya *(w)* **Freiheit**
huwa **er**

I

ibl *(Gatt.)* **Kamel**
ibn, abnâ' **Sohn**
ichtâra, yachtâru **wählen**
*îd, a*yâd **Fest**
*îd milâd **Geburtstag**
îdjâr **Miete**
idjâza *(w)* **Urlaub, Ferien; Erlaubnis**
Ifriqîya *(w)* **Afrika**
ihtâdja, yahtâdju **brauchen (etw.)**
ihtaris! **Vorsicht!**
ilâ **nach (örtl.), für**
ilâ ad-dâchil **hinein**
ilâ al-chalf **zurück**
ilâ-aina? **wohin?**
ilâ-mata **bis wann**
illâ **außer**
imma … au … **entweder … oder …**
imra'a, nisâ' **Frau**
*inab *(Gatt.)* **Wein (Trauben)**
*inda **an (örtl.), bei**
*inda-… *(+ besitzanzeigende Endung)* **haben**
*indamâ **wenn (zeitl.)**

inn **wenn, falls**
inqadâ, yanqadî **ablaufen (Gültigkeit)**
insân, nâs **Mensch**
intahâ, yantahî **beenden**
intazara, yantaziru **warten**
iqâma *(w)*, -ât **Aufenthalt, -srecht**
is'hâl **Durchfall**
ishârat al-murûr *(w)* **Ampel**
ishtakâ, yashtakî **sich beschweren**
ishtarâ, yashtarî **kaufen**
islâm **Islam**
ism, asmâ' **Name**
Isrâ'îl *(w)* **Israel**
ista*âra, yasta*îru **sich leihen**
istafâda, yastafîdu **ausnutzen, profitieren (von)**
istahamma, yastahammun **sich waschen**
istahyâ, yastahî **sich schämen**
istamarra, yastamirru **dauern**
istatâ*a, yastatî*u **können**
istithnâ' **Ausnahme**
itâr, -ât **Reifen**
ithâ **wenn, falls**
ittasala, yattasilu **telefonieren**
ittidjâh, -ât **Richtung**

K

ka*ak *(Gatt.)* **Gebäck (süß)**
ka'anna **als ob**
kabbûd, kabâbîd **Präservativ**
kabîr **groß**
kafâ, yakfî **genügen, reichen**
kâfah, yukâfih **kämpfen**
kaifa? **wieso?, wie?**
kalb, kilâb **Hund**
kalima *(w)*, -ât **Wort**
kam? **wieviel?**
kâna, yukûnu **war (Verb)**
kanîsa *(w)*, kanâyis **Kirche**
karaz *(Gatt.)* **Kirsche**
ka's *(w)*, ku'ûs **Glas**
kasara, yaksiru **zerbrechen**
kashf **Untersuchung (Arzt)**
kaslân **faul (träge)**
kataba, yaktubu **schreiben**
kathaba, yakthibu **lügen**
kathîr **viel**
kaththâb, -ûn **Lügner**
kathûlîkî, -yûn **Katholik**
kibrît **Streichhölzer**
kitâb, kutub **Buch**
kithb **Lüge**
kull **alle, jede ...**
kull shai' **alles**
kull wâhid **jeder**
kummathrâ *(Gatt.)* **Birne (Frucht)**
kun/kûnî ...! *(m/w)* **sei ...!**
kun hathiran! *(m)* / kûnî hathiratan *(w)* **sei vorsichtig!**
kursî, karâsi **Stuhl**

L

lâ **nein; kein ...**
lâ ahad **niemand, keiner**
lâ fî makân **nirgends**
lâ shai' **nichts**
laban **Milch**
laban râ'ib **Joghurt**
labisa, yalbasu **anziehen (sich etw.)**
lahm *(Gatt.)* **Fleisch**
lahm *ijl **Rindfleisch**
lâkin **aber**
lamba *(w)*, -ât **Birne (elektr.)**

lathîth schmackhaft
lathîth köstlich
latîf lieb (nett)
lau falls
laun, alwân Farbe
lâzim müssen
lazima an, yalzamu an sollen
li-an denn
li'anna weil
Lîbîyâ *(w)* Libyen
likai damit
limâthâ? wieso?, wofür?, warum?, weshalb?
lisân, alsun Zunge
liss, lusûs Dieb
Lubnân *(w)* Libanon
lugha *(w)*, **lughât** Sprache
luhûm *(Pl)* Fleisch

M

mâ' Wasser
mâ *adda außer
ma dâma solange
ma*a mit
ma*a anna obwohl
ma*a as-salâma auf Wiedersehen
ma*a thalika trotzdem
ma*aka al-haqq! du hast Recht!
mablûl nass
mabrûk! Glückwunsch!
mabsût zufrieden
machbûl, machâbil Idiot
machraj Ausgang, -fahrt
madchal Eingang, -fahrt
maddada, yumaddidu verlängern
mâdî vorig
madîna *(w)*, **mudun** Stadt
madjrûh verletzt
madjrûh, -ûn Verletzter
mafhûm! verstanden!
mafraq, mafâriq Kreuzung
maftûh offen
mahatta *(w)*, **-ât** Bahnhof, Haltestelle
mahattat benzîn *(w)* Tankstelle
mahhâya *(w)*, **-ât** Radiergummi
ma*ida *(w)* Magen
makân, amkina Platz, Ort
maktab, makâtib Büro
maktab al-barîd Postamt
malâbis Kleidung
malâk, malâ'ik Engel
mal'ân voll (gefüllt)
mamnû* verboten
man? wer?
ma*nâ Bedeutung
manâdîl tuwalît Toilettenpapier
mandîl, manâdîl Taschentuch
manzil, manâzil Wohnung
marad, amrâd Krankheit
marîd krank
marra *(w)*, **-ât** Mal (z. B. erstes)
marratan uchrâ nochmals
ma*rûf bekannt; Gefallen
masa' al-chair! guten Abend!
mashghûl besetzt
mash'hûr berühmt
mâshiyan gehend (zu Fuß)
masîhî, -yûn Christ
mas'ûl verantwortlich
mâsûra *(w)* Auspuff
mata? wann?
mâta, yamûtu sterben
mat*am, matâ*im Restaurant
matar, amtâr Regen
matâr, -ât Flughafen
matbach, matâbich Küche
mâthâ? was?

mattât (Gatt.) Gummi
maudjûd anwesend
mau*id, mawâ*id Treffpunkt
mauqif, mawâqif Haltestelle
Mauritânîya (w) Mauretanien
mauz (Gatt.) Banane
mazût Diesel
mifakk Schraubenzieher
miftah, mafâtih Schlüssel
miftah samûla Schraubenschlüssel
miknasa (w), makânis Besen
milaff Akte
mil*aqa (w), malâ*iq Löffel
milh Salz
min von, aus
min adjli damit, für
min-aina? woher?
minfâch, manâfîch Pumpe (Reifen-)
miqass, -ât Schere
mis*ad, masâ*id Fahrstuhl
misbâh, masâbîh Lampe
mishmish (Gatt.) Aprikose
Misr (w) Ägypten
mithla wie (Vergleich)
mizalla (w), -ât Schirm (Regen-)
motôr, -ât Motor
motôsîkl, -ât Motorrad
mu'addab höflich
mu*aqqam steril (keimfrei)
mubakkir früh
muchlis treu
mudarris, -ûn Lehrer
mudda (w) Dauer
mud'hik lustig
mudîr, -ûn Chef, Direktor
mudjtahid fleißig
muhâmî, -yûn Anwalt
muhandis, -ûn Techniker, Ingenieur
muhimm wichtig
mukassar zerbrochen
mulauwan bunt
mulkîya (w), -ât Besitz, Eigentum
mumalah gesalzen
mumtâz Superbenzin
munthakab platt (Reifen)
munthu seit
munthu mata? seit wann?
muqaddas heilig
muqaddim vorn
murabbâ Marmelade
murr bitter
mursal ilaihi Empfänger
mursil Absender
musâ*ada (w), -ât Hilfe
musâfir, -ûn Reisender
musawwir, -ûn Fotograf
mushâbih gleich
mushkila (w), mashâkil Problem
musht, amshât Kamm
muslim, -ûn Moslem
musta*djil eilig
mustashfâ (w), -yât Krankenhaus
muta'achchir spät (zu spät)
mutauwasit mittelmäßig
mutazauwidj verheiratet
mutlaf beschädigt
muwâfiq! einverstanden!
muwazzaf, -ûn Beamter, Angestellter
muwazzi* al-barîd Briefträger
muzah Scherz

N

na*am ja
nabât, nabâtât Pflanze
nâbîy, anbîyâ' Prophet

nadjm, nudjûm Stern
nâfitha *(w)*, -ât Fenster
naft Öl (Erd-)
nahîl dünn
nahnu wir
nahr, anhâr Tag (Ggs.: Nacht)
nâma, yanâmu schlafen
nâmûs *(Gatt.)* Mücke, Moskito
nâr, nîrân Feuer
natîdja *(w)*, natâ'idj Kalender
nau*, anwâ* Art, Sorte
naum Schlaf
nâwâmîs *(Pl)* Mücken
nazâra *(w)*, -ât Brille
nazîf sauber
nazzafa, yunazzifu säubern
nisf halb; Hälfte
nuqûd Geld

Q

qâ'a, yaqî'u sich erbrechen
qabbala, yuqabbilu küssen
qabla bevor
qadam *(w)*, aqdâm Fuß
qahwa *(w)* Kaffee
qal*a *(w)*, qilâ* Burg
qâla, yaqûlu sagen
qalam nâshif Kugelschreiber
qalam rasâs Bleistift
qalb, qulûb Herz
qalîl wenig, etwas, bisschen
qalîl adab unhöflich, frech
qamar, aqmâr Mond
qara'a, yaqra'u lesen
qarîb nahe
qarya *(w)*, qurâ Dorf
qâsa, yaqîsu anprobieren
qasam Eid
qasam, aqsâm Eid, Schwur
qasîr kurz
Qatar *(w)* Qatar
qatara, yaqtaru schneiden
qâwî stark
qif!, qifî! *(m/w)* halt!, bleib stehen!
qîma *(w)* Wert
qit*a *(w)*, qita* Stück
qitâr, -ât Eisenbahnwagen
qitta *(w)*, -ât Katze
qiyâs Größe (Kleidung)
qubba*a *(w)*, -ât Hut
qubla *(w)*, -ât Kuss
Qubrus *(w)* Zypern
qufl, aqfâl (Tür)Schloss
qumâma *(w)* Müll
qumâsh, aqmisha Stoff, Textil
qunsulîya *(w)*, -ât Konsulat
qur'ân Koran
qurb Nähe
qurs, aqrâs Tablette
qutun tibbî Watte

R

ra'â, yarâ sehen
rabî* Frühling
rachîs billig
radjîm Diät
radjul, ridjâl Mann
ra'î Meinung
rakada, yarkudu laufen
ramâd Asche
raqasa, yarqusu tanzen
raqba *(w)*, -ât Hals
raqm, arqâm Nummer
ra's, ru'ûs Kopf
rasmî offiziell
rîh Wind

riha *(w)* Geruch
rihla *(w)*, -ât Reise
risâla *(w)*, rasâ'il Brief
rishwa *(w)* Bestechung
rub*a ein Viertel
rukba *(w)*, rukab Knie
rûmî orthothoks griechisch-orthodox
ruzz, aruzza Reis

S

sâ*a *(w)* Uhrzeit
sâ*a *(w)*, -ât Uhr
sa*ab schwierig, kompliziert
sâ*ada, yusâ*idu helfen
sa'ala, yas'alu fragen
sabab, asbâb Anlass, Grund
sabah Morgen (Tageszeit)
sabâh al-chair! guten Morgen!
sabba, yasubbu beschimpfen
sabr Geduld
sabûn *(Gatt.)* Seife
sâchin heiß, warm (Dinge)
sadîq, asdiqâ' Freund
sadjdjâda *(w)* Teppich
sadjdjala, yusadjdjilu aufschreiben
sâfara, yusâfiru reisen
safardjal *(Gatt.)* Quitte
saff, sufûf Klasse (Schule)
safha *(w)*, -ât Seite (Buch)
safîna *(w)*, sufun Schiff
saghîr klein
saghîr bis-sinn jung
sâha *(w)*, -ât Platz (in der Stadt)
sahha *(w)* Gesundheit
sâhî wach
sahîh wahr, richtig
sahl einfach
sahn, suhûn Teller
sahrâ' Wüste
sa*id, suwâ*id Arm
saidalîya *(w)* Apotheke
saif, asyâf Sommer
sâ'iq, -ûn Fahrer
saiyâra *(w)*, -ât Auto
saiyi' schlecht (Bewertung)
saiyid, sâda Herr
saiyida *(w)*, -ât Frau, Dame
sakana, yaskunu wohnen
sakkîn, sakâkîn Messer
sakrân betrunken
salafî, -yûn Fundamentalist
salâm, -ât Gruß
salât *(w)* Gebet
sallaha, yusallihu reparieren
samâ' *(w)* Himmel
sâma, yasûmu fasten
samak *(Gatt.)* Fisch
saman *(Gatt.)* Fett
sami*a, yasma*u hören
samîn, simân dick
sana *(w)*, -wât Jahr
sandûq, sanâdîq Kasten
sandûq al-barîd Briefkasten
sâq *(w)*, sîqân Bein
sâqa, yasûqu fahren (steuern)
saraqa, yasruqu stehlen
sarî* schnell
sârî al-maf*ûl gültig
sarîr, asirra Bett
sarrafa, yusarrifu wechseln (Geld)
sawwara, yusawwiru fotografieren
sha*ab, shu*ûb Volk
shab*ân satt
shâbb jung
shâbb, shabbâb junger Mann

shabîh ähnlich
shachs jemand
shachs, ashchâs Person
shadjar *(Gatt.)* Baum
shahâda *(w)*, -ât Bescheinigung
shâhid, shuhûd Zeuge
shahr, ashhur Monat
shâi Tee
shai' etwas
shai', ashyâ' Sache, Ding
shai' mâ irgendetwas
shaich, shuyûch Scheich
shakara, yashkuru
shakaru *alâ, yashkuru *alâ sich bedanken
shakwâ *(w)* Beschwerde
sham*a *(w)* Kerze
sham*a ihtirâq *(w)* Zündkerze
shamâl Norden
shams, shumûs Sonne
shamsîya *(w)*, -ât Schirm (Sonnen-)
shanta, shunat Tasche
sha*r Haar
sharaha, yashrahu erklären
shâri*, shawâri* Straße
shariba, yashrabu trinken
sharîk, shurakâ' Partner
sharika *(w)*, -ât Firma
sharq Osten
sharshaf, sharâshif Bettuch
shauka *(w)*, shûkât Gabel
shiffa *(w)*, shafâyif Lippe
shî*î, -yûn Schiit
shîk, -ât Scheck
shîkât siyâhîya Reiseschecks
shittâ' Winter
shubbâk, shabâbîk Fenster
shubbâk, shabâbîk Schalter (Amt)
shughl, ashghâl Arbeit
shukran! danke!
shurta *(w)* Polizei
shurtî, -yûn Polizist
sidjn, sudjûn Gefängnis
sifâra *(w)*, -ât Botschaft
sîgâra *(w)*, sagâyir Zigarette
sikkat hadîd *(w)* Eisenbahn
sikta qalbîya *(w)* Schlaganfall
silinder, -ât Zylinder (Auto)
silsila *(w)*, salâsil Kette
sînima *(w)*, -ât Kino
sinn, asnân Zahn
si*r, as*âr Preis
siriân syrisch-orthodox
sirr, asrâr Geheimnis
siyâm Fasten
su*âl Husten
su'âl, as'ila Frage
sukkar Zucker
sûq, aswâq Bazar
sur*a *(w)* Gang (Auto)
sûra *(w)*, suwar Bild, Foto
sûsta *(w)*, -ât Reißverschluss
sutra *(w)*, -ât; Jacke
Swîsrâ *(w)* Schweiz

T

ta*âm Essen (Speise)
ta*arrafa, yata*arrifu kennenlernen (jmd.)
ta*b Müdigkeit
tabacha, yatbuchu kochen
tabagh Tabak
ta*bân müde
tâbat lailatukum! gute Nacht!
tâbi*, tawâbi* Briefmarke
tabî*a Natur
tabîb, atibbâ' Arzt
tâbiq, tawâbiq Etage

tachfîd Ermäßigung
ta'chîr, -ât Verspätung
tâdjir, tudjdjâr Kaufmann
tafaddal! *(m)* / tafaddalî! *(w)* bitte!
taftîsh, tafâtîsh Untersuchung (Zoll)
tahîn Mehl
tahîya *(w)*, -ât Gruß
tahni'a! *(w)* Glückwunsch!
taht unten
tahta unter
tahwîya *(w)*, -ât Ventilator
tair, tuyûr Vogel
tâ'ira *(w)*, -ât Flugzeug
takâlîf *(Pl)* Kosten
takallama, yatakallamu sprechen
taksi Taxi
talaba min, yatlubu min bitten
talaba, yatlubu verlangen, bestellen
tâlib, tullâb Student
ta'mîn Versicherung
tamr *(Gatt.)* Dattel
tandjar, tanâdjir Kochtopf
taqalîd Sitte, Tradition
taqs Wetter
taraka, yatruku (ver)lassen
tard, turûd Paket
tardjama, yutardjimu übersetzen
târîch Datum
tarîq, turuq Weg
tasfîya *(w)* Ausverkauf
ta*shîqa *(w)* Kupplung
ta'shira *(w)*, -ât Visum
taslîh, -ât Reparatur
tasrîf *umalîyât Geldwechsel
tathkira *(w)*, tathâkir Fahrkarte
tauqî*, tawâqi* Unterschrift
tauwan eben (zeitl.)
tawafaqqa, yatawafaqqu aufhören
tawîl lang
tawîla *(w)*, -ât Tisch
tazawwadja, yatazawwadju heiraten
thahaba, yathhabu gehen
thakâ' Intelligenz
thakiy intelligent
thaldj (Wasser-)Eis
thalika *(m)* jener
thalj Schnee
thaman, athmân Preis
thaqâfa *(w)*, thaqâ'if Kultur
thaqîl schwer (Gewicht)
thauq Geschmack
thikr *(Pl)* Erinnerung
thubâb *(Gatt.)* Fliege
thu*bân, tha*âbîn Schlange
thûm *(Gatt.)* Knoblauch
thumma dann
tilka *(w)* jene
tuffâh *(Gatt.)* Apfel
Tûnis *(w)* Tunesien
Turkîya *(w)* Türkei
tuwalît, -ât Toilette

U / V

ucht *(w)*, achawât Schwester
udjra *(w)* Fahrpreis
ûlâ'ika *(Pl)* jene
*Umân *(w)* Oman
*umla sa*ba *(w)* Devisen
*umla saghîra *(w)* Kleingeld
umm *(w)*, ummahât Mutter
umma *(w)*, ummam Nation
*umr (Lebens-)Alter
*urs Heiratsfest

Ûrubba *(w)* **Europa**
ûrubbî **europäisch**
*ushsh, *ishâsh **Nest**
uthn **Erlaubnis**
uthun, athân **Ohr**
*utla *(w)*, *utlât **Ferien**
ûtûbîs, -ât **Bus**
vîsa *(w)*, -ât **Visum**

W

wa, w- **und**
wa*ada, ya*idu **versprechen**
wada*a, yadi*u **legen**
wâdî, audîya **Tal**
wadjada, yadjidu **finden**
wadjh, wudjûh **Gesicht**
wâha *(w)*, -ât **Oase**
walad, aulâd **Junge, Kind**
wallâ*a *(w)*, -ât **Feuerzeug**
waqafa, yaqifu **stehen**
warâ'a **hinter**
waraq *(Gatt.)* **Blatt (Papier)**
warsha *(w)*, wurash **Werkstatt**
wasala ila, yasilu **ankommen (an)**
wasat **Mitte**
wasfa *(w)*, -ât **Rezept (Arzt-)**
wasich **schmutzig**
wasl, wusûl **Quittung**
watan, autân **Nation**
wathâ'iq *(w, Pl)* **Dokumente**
wazîr, wuzarâ' **Minister**
wazn, auzân **Gewicht**

Y

yad, aidin **Hand**
yahûdî, yahûd **Jude**
yallah! **los!**
yamînan **rechts**
ya*nî! **es geht!**
yasâran **links**
yaum, aiyâm **Tag**

Z

zahr *(Gatt.)* **Blume**
zait **(Speise-)Öl**
zaitûn *(Gatt.)* **Olive**
zamîl, zumalâ' **Kollege**
zarf, zurûf **Briefumschlag**
zaudj **Paar**
zaudj, azwâdj **Ehemann**
zaudja *(w)*, -ât **Ehefrau**
zauwâdj **Heirat**
zibda *(w)* **Butter**
zirr, azrâr **Knopf**
zubâla *(w)* **Müll**
zudjâdja *(w)*, -ât **Flasche**
zuhr **Mittag**
zuqâq, aziqqa **Gasse**

Notizen

Der Autor

Hans Leu ist 1965 in einem Dorf in Norddeutschland geboren und aufgewachsen. Reisen hat ihn schon früh fasziniert, und während eines kurzen Abstechers mit 16 nach Marokko hat er seine Liebe für die arabische Welt entdeckt. Nach weiteren Reisen im arabischen Osten studierte er Arabistik, das ist arabische Sprache und Literatur, an deutschen Universitäten. Ein Jahr seines Studiums hat er an der Universität Damaskus verbracht, später hat er in Beirut im Libanon an einem Forschungsinstitut gearbeitet. Seit dem Studium haben ihn viele Reisen in fast alle Länder des Nahen Ostens geführt. Die Faszination der Sprache und der Kultur blieb dabei immer erhalten. Nach seiner Promotion über arabische Philosophie im Mittelalter ist er nunmehr in Forschung und Lehre über dieses Gebiet tätig. In der Kauderwelsch-Reihe ist von ihm auch (zusammen mit seinem Freund Iyad al-Ghafari) der Band 75, „Palästinensisch-Syrisch-Arabisch“ erschienen.

Mabrûk!, Gratulation!
Sie haben sich in eine wirklich sehr schwere Sprache eingearbeitet. Geben Sie jetzt nicht auf, sondern wenden Sie Ihr Wissen selbstbewusst an. Haben Sie keine Angst, selbst wenn Sie zu Anfang viele Fehler machen. Hocharabisch musste von jedem, auch von den Arabern, gelernt werden, und die wissen deshalb selber, wie schwer es ist und zeigen größte Rücksicht gegenüber Fremden und dann auch größte Anerkennung.